Beatrice M. Mburugu

Influência da orfandade na vida dos alunos nas escolas primárias do Quénia

Beatrice M. Mburugu

Influência da orfandade na vida dos alunos nas escolas primárias do Quénia

ScienciaScripts

Imprint
Any brand names and product names mentioned in this book are subject to trademark, brand or patent protection and are trademarks or registered trademarks of their respective holders. The use of brand names, product names, common names, trade names, product descriptions etc. even without a particular marking in this work is in no way to be construed to mean that such names may be regarded as unrestricted in respect of trademark and brand protection legislation and could thus be used by anyone.

Cover image: www.ingimage.com

This book is a translation from the original published under ISBN 978-3-659-86204-5.

Publisher:
Sciencia Scripts
is a trademark of
Dodo Books Indian Ocean Ltd. and OmniScriptum S.R.L publishing group

120 High Road, East Finchley, London, N2 9ED, United Kingdom
Str. Armeneasca 28/1, office 1, Chisinau MD-2012, Republic of Moldova, Europe
Printed at: see last page
ISBN: 978-620-8-35091-8

ÍNDICE

DEDICAÇÃO

Ao meu Deus, o doador da vida, ao meu querido marido, Daniel Mburugu Mwobobia, e aos nossos filhos Felix Karani e Joy Kajuju. Também aos meus pais Jeremias, Salomé, Moisés e Margarida e a todos os membros da família pelo apoio

RECONHECIMENTO

A conclusão bem sucedida deste livro não teria sido possível se não fossem muitas pessoas que me deram as suas sugestões e apoio, quer moral quer material. Embora não possa incluir todos os seus nomes nesta secção, os seus contributos e esforços serão para sempre apreciados na minha vida.

No entanto, gostaria, em primeiro lugar e acima de tudo, de agradecer ao nosso Deus Todo-Poderoso pelo dom da vida, pelo cuidado, pela provisão e pelas bênçãos que me concedeu até aqui. Em segundo lugar, estou muito grato ao Prof. Micah Chepchieng e ao Prof. P. Stephen Mbugua Ngari, da Universidade de Egerton. Gratidão especial ao Prof. Njoka, Vice-Chanceler da Universidade de Chuka, pelo seu apoio; ao Dr. Kageni Njagi e ao Sr. Cheruiyot da Universidade de Egerton, ao Prof. Ogola da Universidade de Narok e ao Prof.

Um agradecimento especial vai também para os membros da minha família, especialmente o meu marido Daniel e os nossos filhos Félix e Joy. Um agradecimento especial aos meus queridos pais, Margarida e Moisés, e aos meus sogros, Salomé e Jeremias, que me são tão queridos e que rezaram constantemente por mim. A minha sincera gratidão vai para o Sr. e a Sra. Felix Kithinji, o Sr. Kimathi Muthee e todos os meus irmãos e irmãs pelo seu apoio moral e encorajamento. Um agradecimento especial à Lambert Publishing Company pelo seu contributo e aceitação da publicação do meu livro.

LISTA DE ABREVIATURAS E ACRÓNIMOS

AIDS:	Acquired Immune Deficiency Syndrome
D.V:	Dependent Variable
E.V:	Extraneous Variable
HIV:	Human Immune Virus
I.V:	Independent Variable
ILO:	International Labour office
KEMRI:	Kenya Medical Research Institute
NACC :	National Aids Control Council
N.G.O:	Non-governmental Organization
O.V.C:	Orphaned Vulnerable Children
UNAIDS:	United Nations Agency International Development Strategies
UNICEF:	United Nations Children's Fund
S.P.S.S:	Statistical Package for Social Sciences

CAPÍTULO 1
INTRODUÇÃO

1.1 Antecedentes do estudo

No mundo atual, a orfandade tem vindo a aumentar devido à elevada taxa de mortalidade dos pais. Estas mortes são causadas por doenças terminais, entre as quais o cancro, a malária, a tuberculose e a SIDA total resultante da infeção pelo VIH. Outros pais são brutalmente assassinados ou morrem devido a calamidades naturais, como os deslizamentos de terras. Além disso, os ataques terroristas através de explosões de bombas, acidentes rodoviários, marítimos e aéreos, o parto e a velhice também deixam órfãs pessoas, incluindo alunos do ensino primário. Ruto, (2006) observa que o Quénia tem uma população de 32 milhões de pessoas, das quais 13,5 milhões (43%) são crianças com menos de 14 anos. Em 2010, o Quénia terá 2.099.000 (14% de todas as crianças), das quais 73% serão órfãs devido ao VIH/SIDA. De acordo com a UNICEF e a OMS (2000), um órfão é uma criança sem mãe ou que perdeu ambos os pais biológicos. No entanto, Dortzbach (1996) observa que um órfão é uma criança que perdeu a mãe, o pai ou ambos os pais biológicos. A taxa de orfandade geral em relação à população total do Quénia é de 11% (KEMRI, 2005).

A morte dos pais pode afetar a criança de forma traumática a nível psicológico e social. Como resultado, isto pode ter implicações graves, tais como um atraso no desenvolvimento emocional e intelectual, que pode afetar a sua concentração nas aulas (UNICEF, 2000). O relatório refere ainda que as crianças podem também não ter competências para a vida, como a comunicação, a tomada de decisões e a capacidade de negociação, o que pode afetar as suas relações interpessoais e a sua disciplina, podendo tornar-se retraídas. Além disso, os órfãos não têm esperança num futuro devido à falta de orientação parental, especialmente o cuidado e o amor da mãe, uma vez que esta desempenha um papel crucial no crescimento e desenvolvimento de uma criança. Isto pode prejudicar a sua autoestima e afetar as suas relações com os outros, podendo assim tornar-se desviantes, o que pode afetar a sua disciplina. Como observa Chidi (2006), o VIH/SIDA continua a ser um dos principais factores que contribuem para a vulnerabilidade das crianças, reduzindo-as a órfãos quando os pais sucumbem à doença mortal no distrito de Meru South.

Por conseguinte, à medida que o flagelo do VIH/SIDA continua a devastar o país, o número de órfãos continua a aumentar. Além disso, todas as sociedades se preocupam especialmente com os seus membros vulneráveis e desfavorecidos, que são os órfãos e as mulheres (Kelly & Mwaura, 2007). Estima-sc que haja mais de um milhão de órfãos do VIH/SIDA no Quénia. Devido ao grande aumento do número de órfãos da SIDA, o nosso mecanismo tradicional de integração dos órfãos nas famílias alargadas é inadequado (K.I.E, 1999), devido à falta de educação, saúde, vestuário e nutrição. Os órfãos enfrentam problemas sociais tais como educação, alimentação, amor, segurança e modelos inadequados que afectam o seu desempenho académico, as relações interpessoais e a disciplina.

Richter (2004), citado por Sdorrow (2005), observa que o desempenho escolar dos órfãos pode deteriorar-se devido a traumas psicológicos não resolvidos, baixa autoestima e absentismo agudo. A nível social, as crianças podem ser discriminadas, enquanto familiares gananciosos lhes negam por vezes os seus direitos de herança. Por vezes, os órfãos são obrigados a ser separados e repartidos entre familiares (Appilla,2000), como citado por Sdorrow (2005). Estas experiências podem afetar os órfãos psicológica e socialmente. As suas relações interpessoais e a sua disciplina podem ser influenciadas, o que pode levar a um fraco desempenho académico. Dortzbach (1996), observou com preocupação que os órfãos não só precisam de abrigo, comida, roupa, propinas, mas também precisam de assistência para enfrentar o trauma da morte e da vida. Precisam de continuar a ser crianças, livres para brincar, frequentar a escola e encontrar segurança nos amigos, nos membros interessados da comunidade e nas famílias alargadas. Precisam de ser pais, de alguém que os ame, aconselhe e instrua.

Para ajudar as crianças a lidar com a pressão académica, os professores devem estar atentos e ajudar os alunos com cada uma das seguintes situações ou qualquer combinação das mesmas que possam exercer pressão sobre as crianças: um sistema educativo e uma escola exigentes, pressão dos pais/encarregados de educação e de outros colegas e situações familiares stressantes, como no caso dos órfãos. Uma sociedade que dá demasiada importância à excelência académica exerce uma grande pressão sobre os alunos mais fracos. Esta pressão pode levar à ansiedade, à depressão, ao nervosismo e até ao colapso mental. Uma criança sob pressão pode apresentar os seguintes sintomas: tristeza, desespero, mau humor durante um longo período, distúrbios alimentares e do sono, problemas físicos, pensamentos e acções suicidas e mudança social (Tumuti, 1995). Esta situação é agravada pela sobrecarga de trabalho dos professores, que tentam cumprir os programas de estudo a tempo. Por conseguinte, o professor não tem tempo para investigar e avaliar as causas do mau comportamento, dos actos anti-sociais e do fraco desempenho dos alunos órfãos. Consequentemente, isto influencia o desempenho académico, a disciplina e as relações interpessoais de um aluno órfão.

1.2O enunciado do problema

Atualmente, no Quénia, verifica-se um aumento da orfandade que pode influenciar a vida psicológica e social de um órfão. A orfandade predispõe as crianças a riscos como a exploração, a negligência e o abuso por parte de algumas das pessoas que delas cuidam. Segundo Grannis (1992), quando os órfãos estão perturbados, expressam as suas preocupações através de acções como o choro, o retraimento, a agressividade e a tristeza ou, por vezes, tornam-se indisciplinados. Isto resulta em stress psicológico que tem sido correlacionado com um funcionamento escolar inferior e um fraco desempenho académico (Compass, 1987), o que leva a distúrbios de comportamento, reacções de ajustamento a curto prazo e depressão. Este stress psicológico e social pode muito provavelmente afetar o desempenho académico, a disciplina e a vida social dos órfãos nas escolas, especialmente nas escolas primárias. Muitas vezes, os órfãos são ignorados e as intervenções dos orfanatos são inadequadas, pelo que se vêem confrontados com muitos desafios na vida. Foram realizados estudos sobre factores que influenciam o desempenho académico, as relações interpessoais e a disciplina, tais como o estatuto socioeconómico dos pais, a educação parental e a autoestima. No entanto, não foi efectuado qualquer estudo para determinar de que forma a orfandade pode contribuir para a indisciplina, o fraco desempenho e as relações interpessoais dos alunos órfãos do ensino primário no distrito de Meru South. O desempenho académico nas escolas primárias públicas do distrito tem sido fraco e os casos de indisciplina têm vindo a aumentar. Além disso, as más relações interpessoais dos alunos resultaram no aumento de comportamentos anti-sociais que conduziram a conflitos interpessoais. É por esta razão que o estudo pretende determinar a influência da orfandade no desempenho académico, nas relações interpessoais e na disciplina dos alunos órfãos das escolas primárias públicas do distrito de Meru South, no Quénia.

1.3O objetivo do presente estudo

O objetivo deste livro foi determinar a influência da orfandade no desempenho académico, nas relações interpessoais e na disciplina dos alunos órfãos das escolas primárias públicas do distrito de Meru South.

1.4Objectivos que orientaram a redação do livro

Os seguintes objectivos orientaram este trabalho:

(i) Descobrir os problemas enfrentados pelos alunos órfãos nas escolas primárias públicas do distrito de MeruSouth.

(ii)Descobrir a influência da orfandade nas relações interpessoais dos alunos nas escolas primárias públicas do distrito de Meru South.

(iii) Determinar a influência da orfandade na disciplina dos alunos nas escolas primárias públicas do distrito de MeruSouth.

(iv) Avaliar a influência da orfandade no desempenho académico dos alunos em escolas primárias públicas no distrito de Meru South.

1.5Hipóteses de investigação

As seguintes hipóteses de trabalho foram testadas a=0,05.

HO_1 : Não existe uma diferença significativa entre as relações interpessoais dos alunos órfãos e não órfãos nas escolas primárias públicas do distrito de Meru South.

HO_2 : Não existe uma diferença significativa entre a disciplina dos alunos órfãos e não órfãos nas escolas primárias públicas do distrito de Meru South.

HO_3 : Não existe uma diferença significativa entre o desempenho académico dos alunos órfãos e não órfãos nas escolas primárias públicas do distrito de Meru South.

1.6 Importância do estudo

Espera-se que os resultados deste trabalho possam ser utilizados pelos diretores das escolas e pelos professores para compreenderem os problemas enfrentados pelos alunos órfãos. Como resultado, poderão ser capazes de identificar medidas positivas alternativas que possam ser utilizadas pelos professores e encarregados de educação para com eles, por exemplo, compreender os seus antecedentes pessoais que podem influenciar o seu comportamento. Isto pode ajudar os professores a estabelecer e reforçar os programas de orientação e aconselhamento nas escolas. Espera-se que as mudanças assim instituídas possam responder às necessidades dos alunos órfãos no que respeita ao comportamento, ao desempenho académico e às relações interpessoais, com o objetivo final de melhorar o seu bem-estar social e a sua disciplina. Além disso, o Ministério da Educação, as organizações não-governamentais e o Departamento da Criança podem também utilizar os resultados do trabalho para instituir mudanças no sector da educação, de modo a incorporar a sensibilização e a melhoria do desempenho académico, das relações interpessoais e da disciplina entre os alunos órfãos do ensino primário público. Os resultados do trabalho podem, por conseguinte, orientar os professores, os tutores e outras pessoas que cuidam dos alunos órfãos em questões relacionadas com as suas necessidades. As conclusões deste trabalho podem também servir de base para a realização de outras investigações sobre este tema.

1.7 Âmbito do presente trabalho

Este trabalho foi efectuado em escolas primárias públicas do distrito de Meru-South. Os alunos das turmas 6 e 7 foram estudados juntamente com os diretores-adjuntos e os professores de turma em 10 escolas primárias públicas. Os inquiridos das turmas selecionadas foram preferidos porque se pensava que estavam bastante familiarizados com os seus antecedentes familiares e podiam, por isso, expressar os seus verdadeiros sentimentos ao responderem aos itens do questionário. O trabalho centrou-se na forma como a orfandade influencia o desempenho académico, as relações interpessoais e a disciplina entre os alunos órfãos das escolas primárias públicas.

1.8 Limitações do trabalho

Este trabalho foi limitado pelo facto de alguns diretores, professores e alunos terem considerado o trabalho sensível, especialmente devido a questões éticas envolvidas, pelo que ficaram muito desconfiados quanto ao objetivo do trabalho. O investigador garantiu-lhes a confidencialidade das informações fornecidas. O investigador reafirmou igualmente que as informações obtidas se destinavam exclusivamente a fins de investigação. A outra limitação do estudo foi que as conclusões do trabalho só podiam ser generalizadas para o distrito em estudo e que outras generalizações para outros distritos deviam ser feitas com cautela.

1.9Pressupostos do estudo

Esta obra, este livro, partiu desse princípio:

(i) Os inquiridos da amostra selecionada forneceram informações exactas e verdadeiras sobre si próprios e sobre os outros.

(ii)Os pais biológicos de um aluno exerceram uma influência significativa no comportamento social e no bem-estar geral de um aluno.

(iii) Havia alunos órfãos nas escolas primárias públicas do distrito de Meru South.

1.9.1 Definição de termos

Os seguintes termos foram utilizados neste livro e são definidos da seguinte forma:

Um aluno: Neste livro, refere-se a um aluno do ensino primário público da sexta e sétima classes.

Desempenho académico: A média dos resultados dos exames de fim de período de um aluno em dois períodos consecutivos.

Disciplina: Isto significa um ato de um indivíduo em relação às regras e regulamentos estabelecidos por uma comunidade. Neste livro, implica a obediência dos alunos às regras e regulamentos estabelecidos na escola. Refere-se também à forma de comportamento geralmente aceite pelos professores, pais e outros irmãos.

Influência: Significa o efeito de uma coisa sobre outra. Neste livro, a palavra foi utilizada para referir as mudanças ocorridas num aluno de uma escola primária pública.

Relações interpessoais: Refere-se à forma como os indivíduos se relacionam uns com os outros na comunidade. Neste estudo, implica a forma como um aluno se relaciona com os seus pares, colegas de escola, encarregados de educação, professores e amigos.

Órfão: Uma criança que perdeu a mãe, o pai ou ambos os pais biológicos.

Órfão: A perda/morte da mãe, do pai ou de ambos os pais biológicos.

Orfandade: Estado de perda de ambos os pais biológicos ou de um deles por um aluno do ensino primário público.

CAPÍTULO 2
REVISÃO DA LITERATURA

2.1 Introdução

Este capítulo apresenta uma revisão da literatura relacionada com a influência da orfandade no desempenho académico, nas relações interpessoais e na disciplina. O investigador analisou a literatura sobre as causas da orfandade, os problemas enfrentados pelas crianças órfãs, a principal influência da orfandade na educação, os órfãos do VIH/SIDA, a orfandade nas relações interpessoais e a orfandade na disciplina. É também apresentado o quadro teórico e concetual que orientou este trabalho.

2.2 Causas da orfandade

A orfandade, neste livro, é o estado de uma criança que perdeu a mãe, o pai ou ambos os pais biológicos. Dos 18 milhões de crianças, o Quénia tem um total de 2,4 milhões de órfãos, segundo um estudo do governo (Mwandoto, 2008). A taxa geral de orfandade na população queniana é de 11%. (KEMRI, 2005), sendo as principais causas;

2.2.1 Doenças ou afecções

Mwaniki (2007) identificou a malária, o VIH/SIDA e a tuberculose como as três principais doenças que ameaçam a segurança nos factores sociais e económicos. Doenças como o cancro, a tuberculose, a diabetes, a hipertensão, a malária e o VIH/SIDA têm continuamente tirado a vida a muitas pessoas, entre as quais o VIH/SIDA é a principal causa de orfandade. De acordo com o NACC (2002), o pior impacto da morte de jovens adultos por VIH/SIDA é o aumento do número de órfãos do VIH/SIDA. Com esta tendência até ao ano 2006, estas crianças podem não ter os cuidados e a supervisão adequados de que necessitam nesta altura crítica da sua vida. Haverá uma enorme pressão social sobre os sistemas sociais para lidar com um número tão grande de órfãos; cuidados de saúde e propinas escolares (UNAIDS, 2002). As crianças podem sofrer com a falta dos pais durante um longo período de tempo (Engel, 1962). Nas escolas primárias públicas, alguns alunos afastam-se dos outros e mostram falta de interesse nas actividades escolares, tais como jogos, debates e trabalhos de turma. Devido à sobrecarga de trabalho do professor, as necessidades individuais do órfão não são tidas em conta para compreender a sua informação de base. Isto faz com que o aluno órfão se sinta isolado e não se concentre nas aulas quando se lembra de como seria a vida com os seus pais. Esta situação agrava-se para os órfãos que testemunharam o sofrimento e a morte dos pais. Este luto pode afectá-los do ponto de vista académico, social e disciplinar. Mwaniki (2007) observa que estas doenças reduzem as matrículas na escola quando os alunos são infectados e os órfãos aumentam.

2.2.2.Acidentes

No Quénia, muitas pessoas perderam a vida devido a trágicos acidentes rodoviários, marítimos, ferroviários e aéreos. Este facto fez com que muitas crianças ficassem órfãs, uma vez que os seus pais foram vítimas de tais circunstâncias. De acordo com Kelly (2007), um inquérito realizado em Mombaça, Kisumu, Nakuru, Eldoret, Nyeri e Meru, que contou com a participação de 1 583 inquiridos, mostrou claramente que há um aumento dos acidentes rodoviários. Na sequência do aumento dos acidentes rodoviários em que dezenas de pessoas perderam a vida nas duas últimas semanas de setembro, muitos quenianos consideram que as chamadas "Michukirules" deixaram de ser respeitadas. No inquérito, 87,5% dos inquiridos afirmaram que os veículos de serviço público (V.S.P.) já não cumprem as regras, em comparação com 12,5% que pensam que as regras ainda estão em vigor. De acordo com Kelly (2007), 30 passageiros e alguns peões morreram quando um camião-cisterna embateu em três matatus em Kisii. É verdade que a maioria das vítimas são adultos que perecem nestes acidentes e deixam os seus filhos nas escolas. Os alunos sofrem muitos traumas quando ouvem ou testemunham a morte dos seus pais em acidentes. Isto pode influenciar o seu desempenho académico, as relações interpessoais e a disciplina.

2.2.3 Assassinatos brutais

Com o aumento da taxa de criminalidade no Quénia, muitas pessoas perderam a vida devido a assassinatos brutais. Alguns deles são resultado de confrontos tribais registados recentemente no país. Muitos pais perderam a vida na sua idade mais produtiva e deixaram órfãos muitos alunos do ensino primário. Estes alunos sofrem muito stress e ficam traumatizados quando os seus pais perdem a vida sem piedade. Como resultado, estes alunos podem desenvolver uma atitude de indiferença nas escolas, o que os leva a ter sede de vingança no futuro. A violência pós-eleitoral no Quénia causou a morte de mais de 1200 pessoas e 350.000 deslocados internos (Otieno, 2008). Entre as pessoas que perderam a vida encontram-se pais cujos filhos frequentam as escolas primárias. Seitas como a Mungiki ceifaram a vida de muitos pais e jovens quenianos (Kelly, 2007). Estes alunos sofrem de stress e desenvolvem fobia nas escolas, o que, por sua vez, os afecta do ponto de vista académico, social e disciplinar.

2.2.4 Catástrofes e calamidades

As calamidades naturais incluem terramotos, deslizamentos de terras, tsunamis, inundações, entre outros. Tal como no distrito de Meru South, a extração de tijolos de construção continua a ser feita ao longo do rio Mutonga - local de um deslizamento de terras catastrófico que matou cinco pessoas no início deste ano (Thiaine, 2007). As explosões de bombas de 1998 em Nairobi mataram mais de 200 pessoas e mais de 10 pessoas em Kikambala em 2002, em resultado de ataques terroristas. A maior parte das pessoas que perderam a vida eram pais que estavam a trabalhar e podiam ter alunos do ensino primário que ficaram órfãos. Estes são acontecimentos que podem realmente traumatizar as crianças órfãs.

2.3Problemas enfrentados pelas crianças órfãs

As crianças sofrem profundamente quando os pais adoecem e morrem ou morrem por outras causas. A sua experiência é frequentemente caracterizada por:

2.3.1 Sofrimento psicossocial

As crianças ficam psicologicamente traumatizadas com a doença e a morte dos seus pais. Esta mudança nas crianças pode levá-las a mostrar uma série de comportamentos, durante o processo de luto. Por exemplo, podem regredir, o que significa que voltam a uma fase anterior, como fazer chichi ou querer ser alimentadas (Turner,1995). Ross (1994), citado por Sdorrow (2005), enumera os comportamentos que as crianças podem apresentar, nomeadamente: procura de atenção e apego, retração, incapacidade de concentração, comportamento agressivo, birras, recusa de alimentos e regressão. Como resultado da morte dos pais, as crianças tendem a procurar apoio psicossocial e satisfação junto do maior número possível de pares, o que, por sua vez, melhora as relações interpessoais (Kiirya, 2003). Este argumento é consistente com Erickson (1963), que salientou que as crianças que são confrontadas com a perda/ausência dos pais compensam o isolamento procurando apoio social junto de várias pessoas, incluindo colegas. Isto influencia o desempenho académico, as relações interpessoais e a disciplina dos órfãos.

2.3.2Dificuldades económicas

Com os pais impossibilitados de trabalhar e as poupanças gastas em cuidados, as crianças são forçadas a assumir o papel de adulto no sustento da família. Devido à falta de apoio familiar, as expectativas educativas dos órfãos são baixas e a educação dos órfãos é menos prioritária do que a das outras crianças (OIT, 1992). (Algumas crianças tornam-se cuidadoras e os sentimentos de necessidade de dependência são complicados pela potencial morte de um ou de ambos os pais (UNAIDS, 2003). De acordo com o Ministro do Género e da Infância, os órfãos representam os membros mais vulneráveis da nossa sociedade porque não têm voz para defender os seus direitos. Demasiadas vezes são negligenciados, explorados e discriminados. Disse ainda que havia 13 280 agregados familiares no Quénia a cuidar de órfãos (Mwandoto, 2008).

Nabongo (1989) e Tagoboa (1993) indicam que os órfãos são por vezes estigmatizados pelos colegas na escola. Aqueles que ficam com os seus familiares são emocionalmente assombrados pela ausência/morte do(s) progenitor(es), o que os faz sentir inferiores, indignos e acreditar que deveriam ser ou fazer melhor. Os órfãos são muitas vezes mandados para fora da escola para cobrar propinas e também não têm material escolar, roupa e comida. Nas escolas primárias, esses órfãos sentem-se inadequados e retraídos e, consequentemente, isso influencia o seu desempenho académico, as relações interpessoais e a disciplina.

2.3.3 Retirada da escola.

A pressão de cuidar dos pais moribundos e dos outros irmãos, tentando obter um rendimento, pode levar as crianças a abandonar a escola, mesmo enquanto os pais estão vivos. A pressão para abandonar a escola intensifica-se quando um ou ambos os pais morrem (Turner, 1991). Na maioria das vezes, as raparigas das classes mais altas assumem o papel de mãe para cuidar dos outros irmãos mais novos. Isto torna-as stressadas e não são capazes de se concentrar no trabalho da aula, o que, por sua vez, as leva a abandonar a escola. Enquanto estão na escola, estes órfãos sentem-se inadequados e afastados dos outros, o que influencia o seu desempenho académico, as relações interpessoais e a disciplina.

2.3.4 Desnutrição e doença.

Os órfãos e outras crianças afectadas têm mais probabilidades de ficarem subnutridos ou de adoecerem e menos probabilidades de receberem os cuidados médicos e de saúde de que necessitam. A pobreza é a causa principal desta vulnerabilidade, mas muitas vezes a negligência e a discriminação por parte dos adultos a cujos cuidados foram deixados também são factores que contribuem (OMS, 2005). Os órfãos que não têm ou quase não recebem alimentos podem ficar subnutridos e sofrer de doenças como o kwashiorkor e o escorbuto. São órfãos que são negligenciados pelos familiares que não se preocupam com eles. Nas escolas primárias, muitas escolas não têm programas de alimentação para os alunos e, por isso, os alunos vão almoçar a casa ou levam comida para a escola. Os órfãos que não têm comida suficiente e outras necessidades básicas gostariam que os seus pais estivessem vivos e, como resultado, isto pode influenciar o seu desempenho académico, relacionamento interpessoal e disciplina.

2.3.5 Perda de herança

Quando os pais morrem, os órfãos são muitas vezes enganados em relação aos bens e ao dinheiro que lhes pertencem por direito. Socialmente, as crianças podem ser discriminadas, enquanto os parentes gananciosos por vezes lhes negam os seus direitos de herança. Por vezes, as crianças são forçadas a ser separadas e repartidas entre parentes ou a mudar-se das zonas urbanas ricas para as zonas rurais pobres (Appilla, 2000), como citado por Sdorrow (2005). A sua concentração nas aulas pode ser afetada, uma vez que lhes falta o apoio, a orientação e o amor dos pais.

2.3.6 Medo e isolamento

Os órfãos despossuídos são muitas vezes obrigados a deslocar-se para lugares desconhecidos e até hostis, nos campos de deslocados ou nas ruas. Os órfãos que testemunharam a morte dos seus pais são confrontados com um medo intenso que afecta o seu desenvolvimento emocional e intelectual.

Outros têm alucinações e pesadelos em que vêem os pais vivos e a falar com eles. Outros têm parentes muito hostis que os maltratam e os isolam dos seus familiares. Alguns pais e mães adoptivos também são mencionados na categoria dos que isolam os órfãos dos seus filhos biológicos. O desempenho escolar dos órfãos e a sua vida social podem, por conseguinte, deteriorar-se devido a traumas psicológicos não resolvidos, diminuição da autoestima e absentismo agudo (Ritcher, 2004), como citado por Sdorrow (2005).

2.3.7 Aumento do abuso e do risco de VIH/SIDA

Empobrecidos e sem pais que os eduquem e protejam, os órfãos enfrentam todo o tipo de abusos e riscos, incluindo o de serem eles próprios afectados pelo VIH. Muitos são forçados a recorrer a trabalhos exploradores e perigosos, incluindo a troca de sexo por dinheiro, comida, proteção ou abrigo. De acordo com Susan (1991), citada por Sdorrow (2005), os castigos corporais têm efeitos psicológicos graves em que a vítima ou a testemunha do castigo físico se desenvolve. Isto influencia o seu desempenho académico, as relações interpessoais e a disciplina.

2.4Grande influência da orfandade na educação

O Fórum Mundial da Educação, realizado em Dakar, no Senegal, enumerou seis objectivos em matéria de Educação para Todos (EPT), um dos quais consistia em alargar e melhorar os cuidados e a educação na primeira infância, especialmente para as crianças mais vulneráveis e desfavorecidas. No Quénia, o ensino primário é gratuito em termos de propinas, mas outros materiais de aprendizagem e projectos de desenvolvimento continuam a ser deixados a cargo dos pais. Os órfãos que não têm ninguém para cuidar deles podem faltar à escola devido a este fator. Isto pode acabar por afetar o seu desempenho académico, vida social e disciplina.

Apesar do compromisso de promover a saúde e a aprendizagem das crianças em idade escolar, os progressos nesta área estão seriamente ameaçados pelo VIH/SIDA. A capacidade de ministrar o ensino diminuiu quando um grande número de professores e outros funcionários foram infectados e afectados pelo VIH/SIDA. As crianças abandonam a escola devido a mudanças nas circunstâncias familiares, sociais e económicas, em especial as crianças que ficaram órfãs devido ao VIH/SIDA. A igualdade de oportunidades é limitada, em especial a vulnerabilidade das raparigas à infeção, sobretudo em contextos de elevada prevalência e onde os efeitos da pobreza e de outros factores de tensão social são exacerbados pelo baixo estatuto das raparigas e das mulheres (UNICEF, 2002).

Tal como o VIH visa o sistema de defesa do organismo, a pandemia de VIH/SIDA está a desativar as funções essenciais e o valor proactivo do sector. Para alcançar a educação para todos será necessário fazer da campanha contra o VIH/SIDA a prioridade máxima nos países mais afectados. Tal como foi decidido em Dacar, o sistema educativo tem a responsabilidade de garantir o direito de todas as crianças a uma educação de qualidade e a prevenção do VIH/SIDA deve ser considerada parte integrante de uma educação de qualidade. As escolas têm de garantir que lutam ativamente contra o assédio, a violência e o abuso sexual de crianças infectadas e de todas as crianças órfãs. Devem ser adoptadas medidas especiais de segurança e protocolos de comportamento para proteger os direitos das crianças e dos jovens no sistema educativo. As escolas devem trabalhar para reduzir a discriminação de que são alvo as raparigas e as mulheres jovens na escola, aplicando leis adequadas que protejam este grupo vulnerável (USAID, 2002). Caso contrário, este fator de orfandade continuará a influenciar o seu desempenho académico, as relações interpessoais e a disciplina nas escolas.

A partir de um estudo realizado na Universidade Kenyatta, é evidente que, desde 1984, quando os primeiros casos de VIH/SIDA foram relatados, o Governo do Quénia procurou responder de várias formas, como na introdução de uma política sobre orientações nacionais relativas a órfãos e outras crianças vulneráveis ao VIH/SIDA (Ruto, 2006). Sob o tema "cuidados e apoio" (GOK, 204:18), espera-se que o professor cuide, eduque e dê apoio psicossocial a crianças órfãs e vulneráveis (O.V.Cs).

Esta é uma enorme responsabilidade para os professores, muitos dos quais podem estar a precisar de competências de vida para lidar com o flagelo do VIH/SIDA nas suas vidas privadas, enquanto ao mesmo tempo se espera que respondam às diversas necessidades das COVs. As conclusões sobre as condições das COVs indicam que as COVs eram mais proeminentes em Bondo, depois em Nairobi e finalmente nos distritos de Garissa, onde a investigação foi realizada. Este estudo apresenta algumas conclusões de Bondo, uma vez que este foi o distrito mais afetado (Ruto, 2006). As crianças contaram como lhes faltava comida, como as pessoas que cuidavam delas achavam oportuno enviá-las para fazer recados precisamente quando a comida estava prestes a ser servida. Quando regressavam, não havia comida. Quando lhes perguntaram o que poderia melhorar a sua participação na educação, o pedido de uma rapariga foi o fornecimento de pequeno-almoço (Ruto, 2006).

Além disso, os resultados parecem sugerir que as pessoas que cuidam das crianças não providenciam regularmente o seu vestuário. Como resultado, a maioria das crianças usava roupas esfarrapadas. O desejo de uma rapariga era que lhe dessem roupa interior. Outra necessidade importante era o amor. Algumas crianças contaram como, em acessos de raiva, uma avó dizia à criança para ir procurar a mãe, sabendo muito bem que a mãe estava morta. Outras crianças mostraram sinais visíveis de trauma. Uma rapariga que cuidou da mãe até ela morrer, até hoje não perde o irmão mais novo de vista. Ela agarra-se a ele e é superprotectora. Alguns órfãos tiveram experiências muito trágicas. Um familiar após outro que se tinha oferecido para cuidar deles morreu. Ficaram assim completamente órfãos (Ndambuki & Mutie, 2006).

Ruto,(2006) observou ainda que um informador sugeriu que as necessidades dos rapazes e das raparigas diferem substancialmente. Enquanto os rapazes nas escolas primárias precisavam principalmente de comida e abrigo como os requisitos mais básicos de sobrevivência, as raparigas precisavam também de proteção. Isto porque as raparigas são mais propensas ao abuso sexual e ao trabalho infantil. Duas escolas em Bondo matricularam crianças infectadas com VIH/SIDA. No entanto, só o diretor da escola e os encarregados de educação conheciam o estado das crianças. Sempre que se sentiam mal, estas crianças eram levadas a um médico específico para as tratar, de modo a garantir que a sua privacidade/confidencialidade fosse mantida. Há provas de que vários indivíduos, instituições e organizações tentaram responder às necessidades das O.V.Cs. Em Bondo, foi sublinhado que a ideia atual era dar ênfase às intervenções baseadas em instituições. Os órfãos foram encorajados a procurar familiares ou vizinhos simpáticos para ficarem com eles. Este último mostra que os indivíduos, nas suas capacidades privadas, estão a responder à situação dos órfãos. Várias organizações fornecem tudo o que podem, desde uniformes até à instituição de programas de alimentação escolar. Os diretores das escolas em Bondo parecem responder positivamente à situação das crianças. Por exemplo, lidaram de forma empática com as crianças infectadas. Procuraram patrocínio para as crianças. Juntamente com outros professores, angariaram fundos para os órfãos mais necessitados.

2.5Desafios enfrentados pelos órfãos do VIH/SIDA

O quadro seguinte mostra o número de órfãos que perderam ambos os pais devido à SIDA em África (em milhões).

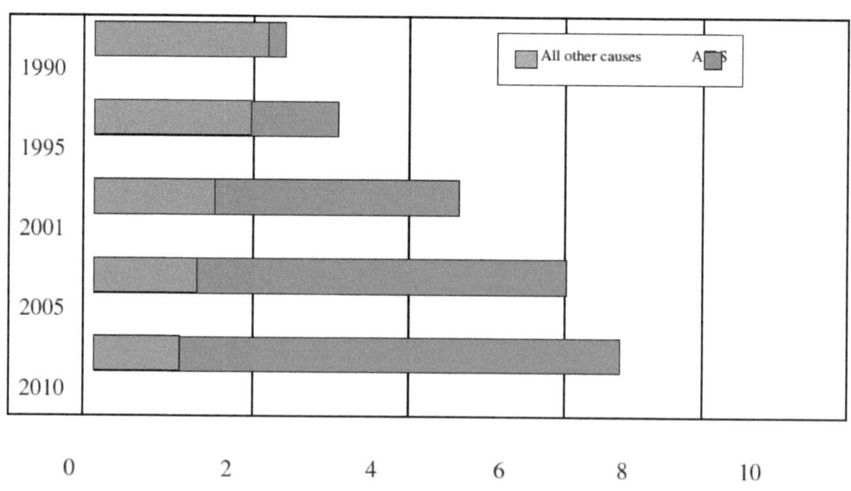

Adaptado de UNICEF, 2005.p.1.

Figura l. O número de crianças com menos de 15 anos que perderam ambos os pais devido ao VIH/SIDA está a aumentar na África Subsariana.

O relatório do Conselho Nacional de Controlo da SIDA concluiu que a pior influência da morte por VIH/SIDA de jovens adultos é o aumento do número de órfãos do VIH/SIDA. Com esta tendência, até ao ano 2006, estas crianças poderão não ter os cuidados e a supervisão adequados de que necessitam neste momento crítico das suas vidas. Haverá uma enorme pressão social sobre os sistemas sociais para fazer face a um número tão elevado de órfãos; cuidados de saúde, propinas escolares. Muitas crianças não terão acesso a cuidados de saúde adequados e à escolaridade devido ao pagamento das propinas, o que influencia o desempenho académico dos órfãos, as relações interpessoais e a disciplina na escola.

2.6A orfandade nas relações interpessoais

A relação interpessoal é a capacidade de criar uma boa relação entre uma pessoa e os outros, interagindo bem com eles. O contacto com outros seres humanos é tão importante que, quando somos privados dele durante longos períodos, a depressão instala-se; a dúvida em relação a nós próprios surge e temos dificuldade em gerir até os aspectos básicos da vida quotidiana. Freedman (1978), na sua investigação, mostra claramente que o fator mais importante que contribui para a felicidade, mais do que o dinheiro, o emprego e o sexo, é uma relação estreita com outras pessoas. Gordon (1981) observa que a chave para uma boa relação professor-aluno é determinar porque é que uma pessoa é perturbada por um determinado comportamento e quem é o dono do problema. A resposta a esta pergunta é fundamental, porque se o problema for realmente do aluno, o professor deve ser um conselheiro e apoiante, ajudando o aluno a encontrar a sua própria solução. Mas se o problema é do professor, é da responsabilidade deste encontrar uma solução através da resolução de problemas com o aluno (Rosental, 1981).

Dawson (1991) observa que as relações interpessoais contribuem significativamente para a saúde física e emocional. Por exemplo, sem relações interpessoais próximas, é mais provável que se fique deprimido, o que, por sua vez, contribui significativamente para a doença física. Isto justifica o facto de as crianças órfãs necessitarem de amor, carinho, apoio e simpatia por parte dos professores, dos outros alunos e dos encarregados de educação. Quando as relações interpessoais são fracas, surgem conflitos interpessoais. Estes conflitos são inevitáveis porque as pessoas são diferentes e vêem as coisas de forma diferente. Os conflitos e a forma como se lida com eles podem ter efeitos negativos e positivos. É por isso que os professores devem ajudar os alunos órfãos a resolver bem os seus conflitos com os outros para aumentar a sua autoestima e o seu valor próprio. Os alunos de famílias monoparentais tendem a ter mais problemas na escola, entre os quais um fraco desempenho académico e fracas relações interpessoais (Dawson, 1991).

O desenvolvimento emocional dos filhos parece constituir um problema maior para os pais, pelo que muitos deles não se sentem preparados para lidar com perturbações emocionais (Keshets &

Rosental,1981). Os problemas estão sobretudo relacionados com a discussão sobre sexo com as filhas e com a preocupação com os comportamentos sexuais (Mendes, 1976), o que significa que as filhas têm maior probabilidade de ter uma baixa autoestima, um fraco desenvolvimento das relações interpessoais e da disciplina (Schlesinge, 1978). Isto pode dever-se ao facto de as raparigas tenderem geralmente a ser mais sociáveis e extrovertidas do que os rapazes. Isto pode ainda ser apoiado pelo facto de as raparigas atingirem a maturação física, social e psicológica mais cedo e mais rapidamente do que os rapazes (Papalia *et al,* 1999).

Kiirya (2003) realizou uma investigação que mostrou que os órfãos normalmente não têm outra opção senão ver os seus queridos pais morrerem de SIDA em circunstâncias agonizantes e dolorosas. Isto tende a privá-los do tão necessário processo de socialização, cuidados e apoio. E à medida que avançam para a adolescência sem este apoio, aumentam as probabilidades de adoptarem comportamentos de alto risco para o seu bem-estar social, académico e emocional. No seu estudo, a ênfase foi colocada na medida em que a morte dos pais relacionada com a SIDA afecta a autoestima e a sociabilidade das crianças órfãs com os seus colegas na escola, em programas desportivos e não desportivos, e os resultados mostram que isso não acontece. No entanto, a tendência para os órfãos com SIDA se socializarem melhor do que os não órfãos foi surpreendente. Para isso, vários factores psicossociais merecem ser considerados. Em primeiro lugar, pensa-se que esta tendência se deve ao facto de se presumir que a relação entre os pais e os filhos é tépida ou deficiente. Em segundo lugar, para as crianças que são confrontadas com esta situação, a morte ou a ausência de um ou mais pais não constitui um efeito considerável suscetível de inibir a sua relação interpessoal na escola. Em segundo lugar, pensa-se também que, em consequência da morte dos pais, as crianças tendem a procurar apoio psicossocial e satisfação junto do maior número possível de pares, o que, por sua vez, melhora as relações interpessoais (sociabilidade). Esta concordância é consistente com a de Erik Erickson (1963), que salientou que as crianças que são confrontadas com a perda/ausência dos pais compensam o isolamento procurando apoio social de várias pessoas, incluindo colegas (Kiirya ,(2003).

Em terceiro lugar, neste estudo, os órfãos de SIDA têm efetivamente familiares que cuidam deles e os apoiam de uma forma ou de outra. De um modo geral, os dados mostram que 34,3% dos participantes (órfãos de SIDA) são cuidados pelas suas mães efectivas, 32,8% por tutores (tios, tias e amigos da família), 14,3% por avós, 8,4% por irmãos mais velhos (irmãs e irmãos), 7,2% por pais efectivos e 2,8% por avós. Assim sendo, é razoável argumentar que estas estruturas familiares estão em condições de alargar um grau razoável de cuidados, apoio e socialização aos órfãos. Precisamente, estas redes de apoio social servem de redes de segurança para a socialização, cuidados e apoio quotidianos das crianças, pelo que é errado considerar necessariamente a morte de um ou de ambos os pais como um fator de inibição da sociabilidade dos órfãos com SIDA, seja em casa ou na escola. A situação pode, no entanto, mudar, especialmente se as instituições de apoio social se tornarem gradualmente apreensivas quanto à prestação de cuidados a crianças órfãs para além das suas próprias (Kiirya, 2003).

Em quarto lugar, também vale a pena argumentar que a relação interpessoal das crianças na escola não depende necessariamente da morte dos pais relacionada com a SIDA. Mesmo os órfãos de SIDA podem ser tão sociáveis na escola como os não órfãos, sobretudo se estiverem bem integrados nas redes de apoio social existentes. E também se a sua capacidade/interesse por programas desportivos e não desportivos for motivada ou não forçada. À luz disto, um professor a quem foi pedido que comparasse a sociabilidade dos órfãos e dos não órfãos no estudo disse o seguinte: "Os órfãos com SIDA interagem livremente com os colegas em situações escolares, sentem-se bem, participam em actividades co-curriculares como debates, jogos e desportos tão eficazmente como os não órfãos." Com base nesta observação, as escolas foram consideradas importantes vias de socialização para as crianças e um lugar onde elas se associam livremente, quer sejam órfãs ou não (Kiirya , 2003).

Em quinto lugar, apesar da falta generalizada de material escolar, propinas, boas roupas, comida e outras necessidades básicas, os órfãos são bastante socializados tanto na escola como em casa. Numa entrevista mais ou menos semelhante à anterior, foi perguntado aos órfãos se preferiam deixar as suas casas e escolas actuais. 72,85% responderam que não, enquanto 24,28% manifestaram vontade de sair e 2,85% estavam indecisos. Possivelmente, a direção das respostas foi influenciada pelo facto de alguns órfãos não terem para onde ir, mas também pode ser que tenham sido socializados nas suas casas e escolas actuais tanto quanto os não órfãos. Isto está de certa forma de acordo com as conclusões da UNICEF (1995, agosto) de que, em algumas culturas, as crianças que vivem com ambos os pais estão em pior situação do que aquelas que ficam com mães solteiras.

Por outro lado, o género (sexo), como outra variável independente, afecta significativamente o relacionamento interpessoal dos órfãos na escola em programas atléticos e não atléticos. Como se percebeu na introdução deste estudo, a influência significativa do género é atribuída ao facto de as famílias ou comunidades, especialmente onde as mães morrem primeiro (o que é evidente nesta categoria de órfãos), as raparigas assumirem frequentemente o papel de mães numa idade precoce. Isto tende a aumentar a sua compaixão, cuidados, apoio e socialização em comparação com os rapazes. A partir dos resultados do seu estudo, a pontuação média das mulheres órfãs de SIDA é, de facto, superior à dos homens órfãos de SIDA, o que significa que as mulheres são mais sociáveis. No entanto, é suficiente notar também que, embora o género feminino seja favorecido a este respeito, o papel de mãe assumido numa idade precoce pode, por sua vez, levá-las a abandonar a escola ou mesmo facilitar o crescimento de construções psicossociais que são desadaptativas e incongruentes com o seu estádio de desenvolvimento. Neste caso, é necessário um apoio imediato de aconselhamento para os órfãos da SIDA, especialmente para as raparigas (Kiirya, 2003).

Considerando os resultados para a autoestima, como a segunda medida no seu estudo (Kiirya, 2003), afirmou que a morte dos pais relacionada com a SIDA afecta significativamente a avaliação subjectiva das crianças órfãs do seu valor (autoestima), mas apenas até 8,87%. As crianças não órfãs apresentaram claramente uma autoestima mais elevada do que as órfãs de SIDA. A hipótese que se coloca a este respeito é mantida empiricamente. A baixa autoestima dos órfãos é atribuída principalmente à falta de amor, afeto, segurança e apoio económico dos pais que ainda estão vivos ou das redes sociais que intervieram para cuidar deles. Os resultados, tal como no estudo de Nabongo & Natukunda-Tagoboa (1993), indicam que os órfãos são por vezes estigmatizados pelos colegas na escola. E os que ficam com os seus familiares são emocionalmente assombrados pela ausência/morte do(s) seu(s) progenitor(es), sentem-se inferiores, indignos e acreditam que deviam ser ou fazer melhor. As reacções de Kabwesigye (uma rapariga da quinta classe, de 9 anos de idade, que vive com a irmã do seu primo) sobre como se sentia na sua atual casa apoiam claramente a opinião acima referida. Ela disse: "Quero sair da minha casa atual porque toda a gente me odeia. Se alguma coisa corre mal em casa, dizem que sou eu. Gostava de ir para a minha avó. Gostaria que rezassem por mim para que eu possa terminar os meus estudos."

Semainbo, um rapaz da sexta classe, que fica com a avó e tem 12 anos, foi ainda mais animador. Ele disse: "Gostava de me ir embora porque fico muitas vezes desiludido em casa. Por vezes, também gostava de morrer. Gostava de ir ter com o meu avô em Mukono e ter coisas (propinas, uniforme e livros) como os meus amigos têm. As citações anteriores indicam que, embora os familiares, os tutores e os irmãos mais velhos tenham intervindo para cuidar, apoiar e socializar os órfãos da SIDA, a morte do(s) pai(s) devido à SIDA ainda permanece na sua memória. Por conseguinte, não se pode pensar que as redes de apoio social forneçam apoio económico e psicossocial suficiente/adequado para eliminar os sentimentos de privação, depressão e inutilidade. Os dados suplementares revelam, de facto, que os órfãos são frequentemente mandados para fora da escola para cobrar propinas e também "choram" a falta de material escolar, de vestuário e de alimentos. Tudo isto afecta a autoestima dos órfãos de uma forma ou de outra. O género, por outro lado, não influencia necessariamente a autoestima dos órfãos com SIDA. Embora a pontuação média no inventário de autoestima favoreça os homens, o efeito do género é estatisticamente insignificante. Em conclusão, a autoestima dos participantes no estudo não depende necessariamente do sexo como fator de previsão, mas sim da morte parental relacionada com a SIDA. Por conseguinte, neste contexto, a convicção anterior de que o sexo também afecta significativamente a autoestima dos órfãos da SIDA é rejeitada por estes resultados.

Para atenuar o estigma, a depressão psicossocial e a privação socioeconómica dos órfãos da SIDA, é necessário, em primeiro lugar, prestar um apoio de aconselhamento consistente aos órfãos da SIDA. Por conseguinte, devem ser desenvolvidos programas de aconselhamento formais, pormenorizados e exaustivos para os ajudar a viver de forma positiva, a reforçar a sua autoconfiança e a sua dignidade emocional. A acessibilidade e a implementação de um bom programa de aconselhamento requerem a formação de conselheiros entre os próprios órfãos e outros a nível da família e da comunidade. Em segundo lugar, é necessário prestar o máximo apoio socioeconómico sob a forma de pagamento das propinas escolares, fornecimento de material escolar e vestuário para assegurar a sua integração harmoniosa no sistema escolar. O Governo e as agências de ajuda deveriam, com urgência, alargar os esquemas de empréstimos às famílias com grandes populações de órfãos da SIDA, para lhes permitir iniciar projectos de desenvolvimento sustentável. Estes projectos gerarão rendimentos para financiar a educação dos órfãos e outras necessidades. Com uma base económica sólida (para essas famílias), mais órfãos poderão frequentar a escola e reduzir a sua taxa de abandono escolar. Para além disso, também serão ajudados a crescer como indivíduos bem ajustados psicológica e emocionalmente (Kiirya, 2003).

2.7Orfandade e disciplina

A disciplina das crianças em idade escolar é uma tarefa que envolve pais e professores. No contexto tradicional, a sociedade estava ativamente envolvida na tarefa de disciplinar as crianças, com a família alargada a desempenhar um papel crucial. Mas a urbanização e as realidades económicas dos dias de hoje tornaram a família nuclear, dispensando, infelizmente, o enorme papel de apoio da família alargada na difícil tarefa de educar crianças disciplinadas. Atualmente, a maioria das autoridades em matéria de educação considera os pais como os principais educadores dos seus filhos, sendo a escola meramente o alicerce já estabelecido em casa. E, no entanto, a maior parte dos pais tem de trabalhar horas extraordinariamente longas para conseguir sobreviver.

Na maior parte das vezes, os pais falham com os seus filhos, a quem é negada a presença e a orientação paternal, tão importantes: "É mais fácil governar uma nação do que educar uma criança". De acordo com o padre jesuíta Varkey, a indisciplina cria raízes quando os pais não conseguem formar a consciência dos seus filhos numa fase precoce da vida, ignorando pequenos actos que acabam por se tornar maus hábitos. Por exemplo, quando o seu filho de quatro anos cospe nos irmãos, nos colegas de brincadeira ou na empregada doméstica, repreende-o e diz-lhe porque é que isso é errado, ou justifica as suas más maneiras? E quando o seu filho, aparentemente inocente, lhe dá uma bofetada, diz-lhe claramente que esse comportamento é inaceitável ou pede-lhe, impotente, que pare com isso? As sementes da indisciplina são lançadas muito cedo na vida e estão a criar um monstro. A criança não vai mudar milagrosamente no colégio interno e vai estar na linha da frente a fazer exigências inadequadas, como ver televisão na hora do recreio. É seu dever dizer aos seus filhos, com delicadeza mas com firmeza, que eles não podem ter sempre o que querem. Os pais que trabalham têm tendência a mandar os filhos para um colégio interno demasiado cedo e vivem na esperança errada de que a escola lhes ensine a disciplina, o que já não acontece.

A Lei da Criança (2003), que proíbe as palmatórias nas escolas, negou aos professores a arma tradicional da disciplina sem a substituir por uma alternativa viável. Além disso, não se pode delegar a tarefa de disciplinar os filhos. Como diz Vicki Caruana, ao dar a uma criança a vantagem da excelência, a família proporciona a melhor aprendizagem que uma criança alguma vez terá. Os pais têm mais interesse no futuro de uma criança do que qualquer escola, porque amam os seus filhos mais do que qualquer professor poderia amar. O Dr. James Bonson, no livro de respostas aos pais, dá algumas diretrizes úteis sobre disciplina. Define os limites: a criança deve saber o que é e o que não é um comportamento aceitável antes de ser responsabilizada por essas regras, para "eliminar o sentimento de injustiça que o jovem sente quando é esbofeteado ou castigado pelos seus acidentes, erros ou asneiras". Quando desafiado, responda com uma determinação confiante: uma criança rebelde está à procura de um direito e "nada é mais destrutivo para a liderança parental do que uma mãe ou um pai se desintegrarem durante essa luta". Perder a batalha recorrendo às lágrimas e aos gritos ou a outras provas de frustração é sinal de que se é uma "medusa sem espinha... Distinguir entre rebeldia intencional e irresponsabilidade infantil: não castigue a criança por um comportamento que não seja intencionalmente rebelde; Tranquilize e ensine assim que o confronto terminar: depois de demonstrar o seu anel de liderança, tranquilize as crianças, dizendo-lhes que as ama, sem perder a oportunidade de lhes ensinar porque foram castigadas; evite exigências impossíveis: tenha a certeza absoluta de que a criança é capaz de cumprir o que lhe pede; em última análise, deixe que o amor seja o seu guia. Uma criança cuja disciplina se baseia num amor genuíno em casa dificilmente será indisciplinada na escola (Bonson, 2003).

A disciplina é uma parte necessária da vida escolar e uma boa disciplina baseia-se num acordo entre a escola e os pais sobre o que se espera de um filho. Alguns alunos, incluindo os órfãos, apresentam algum tipo de comportamento desviante nas escolas, pelo que os professores devem compreender a origem destes comportamentos impróprios, conhecendo os antecedentes destes alunos. Estes resultados coincidem com os de investigadores anteriores que atribuíam os problemas de comportamento das crianças à falta de cuidados e orientação parentais adequados (Drafoo, 1990).

Curwin & Mendler (1980), citados por Turner (1995), definem um problema de disciplina na sala de aula como uma situação em que as necessidades do indivíduo entram em conflito com as necessidades do grupo ou da autoridade que representa o grupo. Na escola, isto significa normalmente que um acontecimento disciplinar ocorre quando o comportamento de um aluno impede os outros alunos de aprender ou o professor de ensinar. Maslow (1970) construiu uma hierarquia das necessidades humanas que sugere que o crescimento ocorre através de um apoio ambiental suficiente. Na base da pirâmide estão as necessidades humanas básicas de alimentação, vestuário e abrigo e a sobrevivência vem em primeiro lugar. Um aluno que chega à escola com fome passará a maior parte do seu tempo a pensar e a sonhar com comida e não com matemática ou qualquer outra disciplina. A maioria dos órfãos encontra-se nesta categoria e, para passar à fase seguinte de amor e de necessidade de pertença, as necessidades básicas de alimentação, vestuário e abrigo têm de ser satisfeitas em primeiro lugar.

Bessel (1980), citado por Turner (1995), descreve quatro formas de satisfazer a necessidade de amor e de pertença. São elas: atenção, em que os outros têm de saber que a pessoa existe; aceitação, em que a pessoa tem o direito de estar presente; aprovação, em que a pessoa gosta do outro; e afeto, em que a pessoa gosta do outro. Rudolph (1994), citado por Turner (1995), afirma que o mau comportamento ocorre porque as crianças desenvolveram crenças erradas sobre si próprias, o que pode levar a que tenham objectivos que podem levar a comportamentos errados. As crianças que se recusam a fazer os trabalhos de casa por terem sido atribuídos por um professor, ou que estão sempre a discutir e a discutir com os outros, estão a demonstrar uma necessidade de poder. Os alunos indisciplinados que estão zangados com os outros que os desiludiram repetidamente podem mostrar a sua mágoa através de acções anti-sociais. Esta crença é mais frequente entre aqueles que se sentem sem esperança e desamparados, como os órfãos. É retratada pelo aluno que está sempre na secretária do professor e que está sempre a pedir ajuda. A maioria alega ignorância, convencendo os outros de que é incapaz ou estúpido e o objetivo aqui é a demonstração de inadequação (Heimer, 1961).

2.7.1 Comportamento e disciplina na escola manutenção da ordem versus orfandade

A disciplina é uma parte necessária da vida escolar e uma boa disciplina baseia-se num acordo entre a escola e os pais/encarregados de educação sobre o que se espera do seu filho. Os pais e os encarregados de educação são sempre encorajados a colaborar com a escola para tentar resolver quaisquer problemas que possam surgir. Existem requisitos legais específicos relacionados com o tratamento da disciplina escolar em geral, a detenção, o assédio racial e sexual e o bullying. O diretor de cada escola é responsável pela promoção do bom comportamento e da disciplina. O diretor deve elaborar a política de disciplina da escola, tendo como quadro de referência a declaração de princípios gerais do órgão diretivo. Por lei, o diretor da escola deve divulgar a política de disciplina. Para o efeito, deve divulgá-la no interior da escola e junto dos pais, bem como chamar a atenção dos alunos, dos pais e do pessoal, pelo menos uma vez por ano. A política deve ser revista regularmente, tendo em conta as opiniões dos alunos, dos pais e do pessoal. Os elementos essenciais são as estratégias para combater a intimidação, o assédio racial e sexual e a política da escola em matéria de castigo. Globalmente, a política deve promover a autodisciplina e o respeito pela autoridade entre os alunos, encorajar o bom comportamento e o respeito pelos outros, assegurar que o nível de comportamento dos alunos é aceitável e regular a conduta dos alunos (política do Ministério da Educação, 1997).

De acordo com a política do Ministério da Educação (1997), o diretor da escola deve publicar um documento escrito no qual dará a conhecer as medidas à escola e aos pais dos alunos matriculados na escola e, pelo menos uma vez por ano, tomará medidas para as levar ao conhecimento de todos os alunos e pais e de todas as pessoas empregadas ou contratadas para prestar serviços na escola. Nestes casos, os alunos órfãos não têm os seus verdadeiros pais para os ajudar a lidar com estas questões de disciplina e, consequentemente, encontram-se num dilema. A detenção é uma das sanções que as escolas podem aplicar por motivos disciplinares. A Lei da Educação (1997) dá às escolas o apoio legal para deterem os alunos após o final de uma sessão escolar. No entanto, antes de uma escola recorrer à detenção, o diretor deve informar todos os pais, alunos e funcionários de que a detenção será utilizada como sanção e informar os pais dos alunos admitidos a meio do ano letivo sobre esta política. A lei obriga igualmente as escolas a avisar por escrito os pais do aluno em causa, com uma antecedência mínima de 24 horas, antes da aplicação do castigo.

Além disso, refere que os programas de apoio pastoral se destinam aos alunos que correm sérios riscos de exclusão permanente, desinteresse ou atividade criminosa. Trabalhando em conjunto com outros serviços relevantes, as escolas devem preparar uma intervenção planeada para ajudar os alunos a gerir o seu comportamento de forma mais eficaz. Trata-se de uma intervenção no domínio da orientação e do aconselhamento, a fim de ajudar os alunos a enfrentar e a gerir os seus problemas. Esta área é de extrema importância, especialmente para os alunos órfãos que recebem estes raros serviços em casa. Na prevenção dos problemas de comportamento, há uma série de medidas preventivas que as escolas podem tomar para manter um bom comportamento.

Estas podem ir desde a gestão do comportamento na sala de aula até ao reconhecimento do desempenho dos alunos.

Para gerir os comportamentos perturbadores, a política disciplinar da escola deve ser aplicada de forma justa e coerente pelos professores. O diretor da escola deve aprovar sistemas eficazes de apoio aos professores, especialmente aos que têm menos experiência. As escolas devem estar atentas ao facto de que alguns comportamentos difíceis resultam de necessidades educativas especiais que não são satisfeitas, tais como dificuldades emocionais e comportamentais, como é o caso dos alunos órfãos.

No que diz respeito ao uso da força para conter, a Lei da Educação (1996) clarifica os poderes dos professores e de outro pessoal escolar para usar uma força razoável para impedir que os alunos cometam um crime, causem ferimentos ou danos e causem perturbações. Não existe uma definição legal de força razoável. No entanto, em circunstâncias excepcionais em que exista um risco imediato de ferimentos, um membro do pessoal da escola pode ter de tomar as medidas necessárias que sejam consistentes com o conceito de força razoável. Por exemplo, para evitar que um jovem aluno fuja de um passeio para uma estrada movimentada, que um aluno bata em alguém ou que um aluno atire um objeto. Os castigos corporais, que são definidos como qualquer aplicação intencional de força com o objetivo de punir, são ilegais. O Office for Standards in Education (2005) publicou "managing challenging behaviour", um relatório sobre o comportamento nas escolas e noutros contextos educativos. Estes contextos incluíam a educação pré-escolar, escolas regulares e especiais, unidades de referência de alunos, centros de formação seguros e colégios. O objetivo do relatório era analisar os tipos de comportamento que as escolas e outros contextos consideram difíceis de gerir e avaliar as suas respostas aos mesmos.

2.8Orfandade e maus tratos a crianças

Abuso de crianças é fazer algo ou deixar de fazer algo que resulte em danos para uma criança ou maus-tratos constitui todas as formas de maus-tratos físicos, emocionais, negligência ou outra exploração, resultando em danos reais ou potenciais para a criança. A Organização Mundial de Saúde (OMS), recorrendo a uma série de estudos e a dados populacionais de 2000, estima que a prevalência de relações sexuais forçadas e de outras formas de violência que envolvem o toque, entre rapazes e raparigas com menos de 18 anos, é de 73 milhões (7%) e 150 milhões (14%), respetivamente. De acordo com a publicação da UNICEF, *The state of the world's Children (2007),* a violência contra as crianças envolve abuso físico e psicológico, ferimentos, negligência, exploração e abuso sexual. Afirma que, anualmente, 275 milhões de crianças em todo o mundo são vítimas de violência doméstica. Os agressores, segundo o relatório, incluem os pais e outros membros próximos da família. Nesta categoria de abuso de crianças, os órfãos são o grupo mais vulnerável, uma vez que são deixados ao cuidado destes familiares próximos. A investigação indica que as crianças que sobrevivem frequentemente a maus tratos sofrem danos físicos a longo prazo, o que prejudica a sua capacidade de aprendizagem e de socialização. As perturbações de stress pós-traumático manifestam-se através de xixi na cama e pesadelos, tornando as crianças mais propensas a alergias, asma, problemas gastrointestinais, depressão e ansiedade. Além disso, a OMS (2007), num estudo realizado em vários países, afirma que os elevados níveis de violência sexual atingem os 21%, sendo as raparigas mais propensas do que os rapazes. O Quénia não é poupado, na verdade, na região costeira, a prostituição infantil tornou-se um problema cada vez mais grave. Erkke (2007), presidente da Save the Children Finland, refere que existem atualmente mais de um milhão de órfãos do VIH/SIDA no Quénia. Ela confirmou que a perda dos pais expôs muitas crianças à violência e a outras formas de abuso. Consequentemente, devido à magnitude do problema, muitos governos da região não conseguem lidar eficazmente com os desafios de garantir os direitos destes órfãos

Onyango (2008), abordando a situação das mulheres e raparigas nos campos de refugiados após a violência pós-eleitoral, afirmou que, em tempos de conflito e deslocação, existe um risco acrescido de violência sexual e física, especialmente contra mulheres e crianças. A violência sexual pode assumir a forma de violação e incesto, sexo de sobrevivência, tráfico de mulheres e crianças e escravatura sexual, em que as vítimas são capturadas e utilizadas para exercer pressão sexual. No futuro, isto traz traumatização e estigmatização que afectam o desempenho académico, a disciplina e a vida social das crianças. Por conseguinte, estas vítimas necessitam de serviços especiais de aconselhamento, em especial os alunos da escola, para reduzir o medo, a vergonha e o estigma associados a este abuso. Segundo a OMS (2000), certos grupos de crianças são particularmente vulneráveis, incluindo as crianças pertencentes a grupos minoritários, os órfãos, as crianças de rua, as crianças deslocadas das suas casas e as que se encontram em campos de refugiados. Devido à pobreza e aos conflitos tribais no Quénia, estas crianças são susceptíveis de sofrer a nível social, disciplinar e académico. Mwaniki (2007) realizou uma *investigação sobre os direitos das crianças no Quénia* em Tharaka, Suba, Naivasha, Mombaça e Nairobi e recomenda uma revisão de todas as leis relativas às crianças para as harmonizar com a Lei das Crianças. De acordo com Maroncha & Mwati, (2007), existe um problema grave de pagamento de taxas escolares, incapacidade de comprar uniformes escolares, apresentação tardia à escola, absentismo e manutenção deficiente por parte dos pais jovens que têm muito pouca ou nenhuma educação. Isto implica que estas crianças podem ter casos de indisciplina, más relações interpessoais e um fraco desempenho escolar.

De acordo com Susan (1991), os castigos corporais são uma forma de abuso infantil e têm graves efeitos psicológicos que a vítima ou a testemunha do castigo físico desenvolve. Desenvolvem-se reacções neuróticas como depressão, retração, ansiedade, tensão e, nas crianças mais velhas, abuso de substâncias; interferência no trabalho escolar e comportamento sexual. Quando as crianças são castigadas fisicamente, podem ser incapazes de lidar com as emoções que experimentam e, consequentemente, sentem-se humilhadas e degradadas. De acordo com um inquérito realizado pela Human Right Watch (1999), muitas crianças referiram que os castigos corporais eram um traidor significativo que levava ao abandono escolar e, em alguns casos, à transferência para outra escola. Isto influencia a vida social da criança, a sua disciplina e a sua fraca concentração nas aulas, especialmente nos órfãos que não têm pais a quem recorrer. A negligência é outra fonte de abuso de crianças e define-se como a incapacidade de prover repetidamente às necessidades básicas de uma criança. Existem três tipos básicos de negligência: a negligência física, a negligência educativa e a negligência emocional. A negligência física implica a falta de alimentação, de vestuário adequado às condições climatéricas, de supervisão ou de uma casa com condições de higiene, de segurança e de cuidados médicos. A negligência educativa consiste em não matricular uma criança em idade escolar na escola ou em não lhe proporcionar a educação especial necessária. Isto inclui permitir faltas excessivas à escola. A negligência emocional é a falta de apoio emocional, amor e atenção (Segal & Jaffe, 2007).

Os dados e estatísticas sobre crianças no distrito de Meru indicam que mais de 1.230 crianças são negligenciadas. O relatório de dez meses mostra que, entre os 11 casos de profanação registados, 2 eram casos de sodomia perpetrados contra rapazes entre os sete e os doze anos. Durante o período de referência, foram registados 49 casos de crianças abandonadas, 61 casos de crianças que não frequentam a escola, 54 casos de crianças carenciadas, 31 casos de crianças portadoras de deficiência e 742 casos de crianças de rua, podendo o número ser superior. Além disso, foram registadas 57 crianças mães, a maioria das quais órfãs que abandonaram a escola. O departamento para as crianças associou o aumento de casos anteriores de crianças de rua, crianças negligenciadas e crianças mães ao comportamento sexual irresponsável dos jovens que não estão preparados para enfrentar as responsabilidades da paternidade (Ministério da Administração Interna, 2007).

2.9O papel da orientação e do aconselhamento dos alunos órfãos

A orientação é o processo através do qual um conselheiro dirige ou orienta os seus clientes para fazerem escolhas na vida. É centrada no conselheiro e o cliente ouve-o. Os alunos têm problemas relacionados consigo próprios, com os seus pais e família, com os seus amigos e professores. Alguns podem ter recordações decepcionantes relacionadas com o lar ou a família, como a morte de um dos pais. Os pais podem deixar os seus filhos com um sentimento de insegurança e incompetência, quando estes não conseguem corresponder às suas expectativas. No caso dos alunos órfãos, as relações infelizes em casa com os familiares e os maus tratos, a falta de sentimento de pertença e as perturbações mentais exigem uma orientação especializada. Os alunos também enfrentam dificuldades quando mudam de escola e quando se envolvem em novas situações sociais que requerem orientação para se adaptarem corretamente (Ndambuki & Mutie,2006).O aconselhamento, por outro lado, é o processo em que um cliente é ajudado pelo conselheiro a fazer a escolha certa entre as muitas opções disponíveis. É centrado no cliente e este expõe os seus problemas enquanto o conselheiro ouve e empatiza. No entanto, os dois processos estão inter-relacionados e ambos ajudam os clientes a tomar decisões corretas na vida. O aconselhamento pode estar mais relacionado com a abordagem e a resolução de problemas específicos, a tomada de decisões, a resolução de crises, a resolução de sentimentos e conflitos internos ou a melhoria das relações com os outros (Ndambuki & Mutie, 2006).

Para ajudar as crianças a lidar com a pressão académica, os professores devem ter em atenção e ajudar os alunos em cada uma das seguintes situações ou em qualquer combinação das mesmas que possam exercer pressão sobre as crianças: um sistema educativo e uma escola exigentes, pressão dos pais/encarregados de educação e de outros colegas e situações familiares stressantes, como no caso dos órfãos. Uma sociedade que dá demasiada importância à excelência académica exerce uma grande pressão sobre os alunos mais fracos. Esta pressão pode levar à ansiedade, à depressão, ao nervosismo e até ao colapso mental. Uma criança sob pressão pode apresentar os seguintes sintomas: tristeza, desespero, mau humor durante um longo período, distúrbios alimentares e do sono, problemas físicos, pensamentos e acções suicidas e mudança social (Tumuti, 1995), o que influencia o desempenho académico, a disciplina e as relações interpessoais de um órfão.

Um estudo célebre efectuado pelo professor Michael do Instituto de Psiquiatria de Londres confirmou que 2% das crianças em idade escolar e 5% dos adolescentes sofrem de depressão, a maioria dos quais são alunos órfãos negligenciados (Dobson,1992). Descobriu que numa escola primária com 500 alunos, 10 sofrerão de uma doença depressiva que requer cuidados médicos. Algumas crianças mais pequenas que sofrem de depressão são rejeitadas pelos professores e pelos pais como sendo simplesmente estranhas ou tolas. O stress não só afecta o desenvolvimento emocional, como também tem demonstrado prejudicar o crescimento físico. Gichinga (1995), no seu estudo, observou que as crianças que sofrem de stress durante os dois primeiros anos de vida têm duas vezes mais probabilidades de desenvolver diabetes antes dos quinze anos do que os seus pares sem stress. Os acontecimentos de vida stressantes referidos neste caso incluíam a separação dos pais, doença grave ou ferimentos dos pais, hospitalização, morte de um dos pais ou mudanças frequentes de casa. Uma vez que os órfãos se encontram nesta categoria, o seu desempenho académico, disciplina e relações interpessoais são afectados. Por isso, os professores e os encarregados de educação devem identificar essas crianças e oferecer-lhes serviços de orientação e aconselhamento para que possam lidar com o seu estado de orfandade.

Harold, (1995) observa que as crianças precisam de pais em quem possam confiar e com quem possam partilhar os seus problemas de crescimento. Os órfãos não têm nenhum progenitor próximo com quem partilhar os seus problemas, pelo que têm um comportamento anormal. Knox, (1985) explica que as crianças precisam de uma autoridade que lhes ensine as aptidões sociais e os hábitos de trabalho necessários para sobreviverem na sociedade quando existe uma ligação íntima entre pais e filhos, o que traz benefícios. Le Croy, (1988) observou que as mães partilham um maior grau de intimidade com os filhos do que os pais. Por outro lado, verificou-se que a intimidade paterna é um fator de previsão mais importante do funcionamento positivo dos adolescentes do que a intimidade materna. As relações pessoais entre os alunos intensificam-se não só porque é importante para eles serem aceites pelos seus pares, mas também porque precisam de partilhar os seus novos sentimentos e experiências. Nesta altura, os grupos de pares oferecem apoio e segurança aos outros alunos. Além disso, os grupos de pares fornecem modelos para os adolescentes que procuram estabelecer uma identidade. Manifestar preocupação com o vestuário e a aparência, fazer tarefas extra entre outros, são padrões de comportamento caraterísticos que reflectem o interesse crescente dos adolescentes pelo *envolvimento* social (Le Croy, 1988).

A escola é importante não só devido à informação educativa fornecida, mas também porque é um ambiente social onde os indivíduos podem partilhar experiências e interesses comuns. Mullis (1992) considera a escola como uma forma de moldar a personalidade e o desenvolvimento social das crianças, incluindo os níveis de autoestima. Oferece um terreno duradouro para ideias e debates, bem como a oportunidade de participar em estratégias de tomada de decisões. Esta foi a literatura relacionada que foi analisada e que foi de grande relevância para este estudo.

2.10 Quadro teórico

O autor utilizou três teorias neste trabalho, nomeadamente, a teoria do processamento da informação, a teoria da hierarquia das necessidades de Abraham Maslow e a teoria da aprendizagem social.

2.11 Teoria do processamento da informação

O trabalho baseou-se na teoria do processamento da informação que considera o processamento das memórias como envolvendo a codificação, o armazenamento e a recuperação de informação, tal como acontece com o computador.

A teoria do processamento da informação foi desenvolvida por Schifrin e Atkinson (1969), segundo a qual a memória envolve o processamento de informação em três fases sucessivas. A memória sensorial é a primeira fase da memória que armazena brevemente, no máximo durante alguns segundos, réplicas exactas das sensações. Esta fase é adaptativa porque nos permite reter a informação durante o tempo suficiente para a podermos processar.

Quando a informação na memória sensorial é atendida, é transferida para a memória de curto prazo. Esta armazena-a apenas durante 20 segundos, a menos que seja ensaiada. Depois, a informação é transferida para a memória de longo prazo, que é duradoura e pode ser guardada durante toda a vida. Isto explica por que razão uma criança pode ser capaz de recordar memórias da primeira infância após a perda dos pais. A codificação é a conversão da informação numa forma que pode ser armazenada na memória. A informação na memória é armazenada em códigos que o cérebro pode processar. O armazenamento é a retenção da informação na memória, sendo que nos seres humanos a informação é armazenada no cérebro. A recuperação é a recuperação de informação da memória. Baseamo-nos em pistas para recuperar memórias que foram armazenadas no cérebro.

De acordo com Turner (1995), a perda mais profunda e insubstituível sentida por qualquer criança órfã é a perda do amor parental. Embora muitas vezes se pense que as crianças recuperam facilmente do luto, que voltam a brincar e a sorrir, as aparências enganam. O luto e a depressão estão escondidos e, muitas vezes, não são reconhecidos, levando à sua expressão através de distúrbios comportamentais, uma vez que os armazenam na memória a longo prazo. Nas escolas primárias, quando a criança deprimida é sujeita a medidas disciplinares, isso agrava o luto secreto, levando a um comportamento ainda mais perturbado. Este tipo de depressão e a atividade antissocial geram e só se contraem quando se assegura à criança que ela é desejada no mundo. Estas crianças têm uma memória de bulbo apagada.

Brown e Kulik (1977), citados por Sdorrow (2005), definem as memórias flush bulb como uma memória vívida e duradoura de um acontecimento surpreendente, importante e emocionalmente excitante. As pessoas com memórias de acontecimentos podem recordar onde estavam, o que estavam a fazer, o que lhes foi dito, o que sentiram e até coisas triviais que ocorreram pouco tempo depois. Isto aplica-se a crianças órfãs que recordam a morte traumática dos seus pais, se é que testemunharam ou lhes foi contada.

2.12 A teoria da hierarquia das necessidades de Abraham Maslow.

Maslow (1970) propôs que o comportamento humano responde a necessidades, mas nem todas as necessidades são fisiológicas. Maslow acreditava que a necessidade que motiva as acções humanas é limitada em número e está organizada numa hierarquia baseada na teoria da motivação. A motivação é um processo de despertar, manter e dirigir o comportamento. As necessidades fisiológicas vêm em primeiro lugar e incluem as necessidades básicas relacionadas com a sobrevivência, por exemplo, alimentação, abrigo e vestuário. Uma vez satisfeitas estas necessidades, a pessoa é motivada pelas necessidades de segurança para se sentir segura, protegida de perigos que possam surgir no futuro. Uma vez satisfeitas as necessidades de segurança, a nossa preocupação passa a ser o amor, a pertença e o afeto, ou seja, a necessidade de alguém que se preocupe connosco. Isto leva-nos a procurar a identidade de pertença a um grupo. Uma vez alcançada a pertença, passamos à autoestima, onde o objetivo é obter a consciência dos outros e procurar a aprovação, que se refere a quem somos, ao que fazemos, às nossas realizações e esforços. Acima da autoestima está o nível mais elevado das necessidades de auto-realização, que é alcançado quando nos tornamos o melhor que podemos, tirando o máximo partido do nosso potencial como seres humanos.

Em relação ao estudo do investigador, este considerou a teoria relevante para a educação inclusiva. Os órfãos precisam de comida, roupa, abrigo e cuidados médicos antes de procurarem necessidades de segurança. Por conseguinte, isto implica que quando as necessidades básicas dos órfãos não são satisfeitas, eles não passam à fase seguinte de se sentirem seguros ou amados. Isto, por sua vez, afectará a sua concentração nas aulas, dará lugar a comportamentos perturbadores e tornar-se-á retraído. Os órfãos precisam de muito amor, a principal razão é que todas as pessoas gostariam de ser amadas e de pertencer a um determinado grupo. Colocar órfãos e não órfãos juntos faz com que desenvolvam um sentimento de pertença e de amizade que aumenta a sua autoestima. Além disso, os órfãos esforçam-se por atingir um nível mais elevado do que aquele em que se encontram, até chegarem ao ponto de explorarem plenamente as suas potencialidades como os outros. Mas a maioria dos órfãos carece destas necessidades, exceto os que provêm de famílias bem constituídas e com parentes atenciosos.

2.13 Teoria da aprendizagem social

Sear (1950) foi o primeiro a descrever o comportamento social no âmbito de uma teoria da aprendizagem, e a sua ênfase foi colocada nas práticas de educação dos pais. Esta teoria básica era que o desenvolvimento da personalidade das crianças é determinado pela forma como a criança é educada, uma ideia claramente retirada da teoria freudiana (Fagot & Leinbach, 1989). Assim, de acordo com a sear, a socialização é um processo no qual o comportamento do indivíduo depende do comportamento das outras pessoas e no qual o comportamento dos indivíduos actua para suscitar comportamentos específicos dos outros (Fagot & Leinbach, 1989). Consequentemente, os pais são capazes de encorajar bons comportamentos enquanto desencorajam os indesejáveis, uma vez que o comportamento é influenciado pelo reforço dos outros (Dusek, 1996). Bandura (1993) diz que ao ser reforçada por imitar, a criança aprende a imitar o adulto. No caso das crianças órfãs, algumas podem não ter bons modelos após a morte dos pais. Um órfão criado por familiares pode não ter bons modelos, o que, por sua vez, afecta negativamente a sua autoestima, a disciplina e o desenvolvimento social da criança (Papalia, *et al,* 1999).Bandura, (1993) a aprendizagem observacional é fundamental para a sua teoria da aprendizagem social, que pressupõe que o comportamento social é aprendido principalmente através da observação e do processamento mental da informação.Bandura, (1993) identificou quatro factores que estão envolvidos na aprendizagem, um deve prestar atenção à ação do modelo, também deve lembrar-se da ação do modelo e ter a capacidade de produzir a sua ação e, finalmente, estar motivado para realizar a ação.

Por exemplo, Bandura (1993) acredita que aprendemos a ser agressivos observando os outros. Segundo este ponto de vista, a agressividade não é um impulso inconsciente, mas o resultado de observar demasiadas coisas desse género. A nossa agressividade é uma combinação da nossa preferência por entretenimento agressivo e do que aprendemos com esse entretenimento. Relativamente ao estudo do investigador, as crianças órfãs têm um único progenitor ou não têm qualquer modelo com que aprender. Na escola, aprendem comportamentos negativos com os seus colegas ou professores que fumam ou bebem cerveja e copiam-nos. Isto influencia as suas relações interpessoais, a disciplina e o desempenho académico na escola.

2.14 Quadro concetual

O enquadramento teórico deste trabalho e a interação das variáveis podem ser conceptualizados através do diagrama apresentado na figura 2.

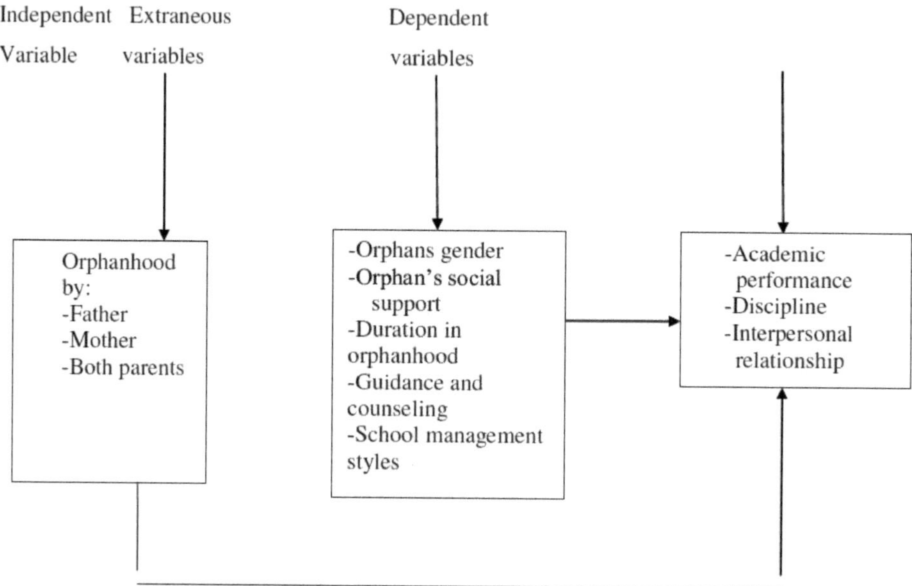

Figura 2: Um modelo para determinar a influência da orfandade no desempenho académico, no relacionamento interpessoal e na disciplina dos alunos.

Na Figura 2, a orfandade (variável independente) influencia o desempenho académico, as relações interpessoais e a disciplina (variáveis dependentes). Estas variáveis podem afetar o desempenho académico, as relações interpessoais e a disciplina do aluno, mas estas variáveis foram estudadas juntamente com as outras variáveis do estudo. No entanto, as outras variáveis não foram estudadas.

CAPÍTULO 3
METODOLOGIA

3.1 Introdução

Neste capítulo, o autor apresenta uma descrição do desenho da investigação, a localização deste trabalho, a população do estudo, a dimensão da amostra e os procedimentos de amostragem, os instrumentos, a recolha de dados e os procedimentos de análise de dados.

3.2 Concepção da investigação.

O trabalho utilizou o modelo de investigação *ex post facto* '^causal-comparativo, que tenta identificar uma relação de causa-efeito entre uma variável independente e uma variável dependente. No entanto, esta relação é mais sugestiva do que comprovada, uma vez que o investigador não tem controlo total sobre a variável independente. De acordo com Kerlinger (2000), uma conceção *ex post facto* é um inquérito empírico sistemático em que o investigador não tem capacidade para controlar as variáveis independentes porque as suas manifestações já ocorreram ou não podem ser manipuladas. Além disso, foram comparados dois grupos de alunos órfãos e não órfãos. A orfandade, o desempenho académico, as relações interpessoais e a disciplina ocorreram. Por exemplo, os alunos órfãos tiveram um fraco desempenho académico, relações interpessoais e disciplina em comparação com os alunos não órfãos.

3.3 Localização do estudo

O estudo foi efectuado em escolas primárias públicas do distrito de Meru-South. O distrito foi escolhido porque era conveniente para o investigador e porque o investigador dispunha de meios financeiros. Além disso, o desempenho académico nas escolas primárias públicas tem sido fraco. Ao contrário de outros distritos da vizinhança, também quase não existem ONGs e orfanatos que tratem da questão dos alunos órfãos no distrito. Além disso, existe uma elevada taxa de orfandade, sendo que a maioria dos órfãos frequenta as escolas primárias públicas devido à gratuitidade do ensino primário, o que justifica a seleção das escolas para estudo. A área sob investigação tinha um total de 172 escolas primárias públicas, (Meru South District Education Office, 2009)

3.4 População do estudo

A população-alvo utilizada neste trabalho incluía todos os 24 000 alunos do ensino primário nas 172 escolas do distrito dc Meru South. Este distrito é composto por cinco divisões, nomeadamente, Mwimbi, Igamba, Ng'ombe, Muthambi, Chuka e Magumoni. A população acessível era constituída pelos alunos do sexto e sétimo anos de 10 escolas primárias públicas, que eram aproximadamente 800. Os alunos da sexta e sétima classes foram escolhidos porque eram capazes de ler e compreender melhor as perguntas dos questionários, ao contrário dos alunos da escola primária inferior. Além disso, os alunos da oitava classe estavam a preparar-se para os exames.

3.5Procedimentos de amostragem e dimensão da amostra

O autor utilizou 10 escolas primárias públicas no distrito sul de Meru. Das 10 escolas, foram selecionados 110 alunos, dos quais 55 eram órfãos e 55 eram alunos não órfãos. De acordo com Fraenkel e Wallen (2000), citados por Ogula (2003), um tamanho de amostra de 100 inquiridos é aceitável para uma investigação descritiva. Por conseguinte, o autor selecionou propositadamente 55 alunos órfãos e selecionou aleatoriamente 55 alunos não órfãos, o que fez com que se tratasse de um estudo comparativo. Deste número, 56 eram da 6ª classe e 54 da 7ª classe em 10 escolas primárias públicas selecionadas propositadamente das 3 divisões educativas do distrito. O autor acrescentou 10 alunos, o que corresponde a 10% da amostra (Gitumu, 2006), para ter em conta os questionários não respondidos que foram selecionados de uma escola na divisão de Mwimbi. Isto deve-se ao facto de a divisão ter o maior número de alunos do distrito. Para além da amostra de 110 alunos, foram selecionados 10 diretores adjuntos e 20 professores das turmas 6 e 7, perfazendo um total de 140 inquiridos. Para obter os inquiridos adequados para o estudo, o investigador pediu a ajuda dos diretores-adjuntos e dos professores das turmas. Os diretores de turma utilizaram os registos escolares para identificar os alunos órfãos, o que permitiu determinar o número e o sexo dos alunos não órfãos, que foram selecionados aleatoriamente pela própria investigadora. Esta abordagem ajudou a investigadora a reduzir o estigma associado à orfandade. As preocupações éticas foram acauteladas fazendo com que os alunos órfãos e não órfãos respondessem ao mesmo tipo de questionário e na mesma sala. Todos os inquiridos foram autorizados a escolher a sua própria posição sentada na sala. A investigadora orientou depois os inquiridos no preenchimento do questionário e, sempre que necessário, interpretou as perguntas na língua materna dos alunos. A investigadora conversou com os alunos identificados e informou-os de que as informações que forneceram se destinavam exclusivamente a fins de investigação e assegurou-lhes a confidencialidade.

Quadro 1

Distribuição da amostra de inquiridos por divisões

Division	No. of schools	No. of deputy headteachers	No. of class teachers	No. of pupils in class 7		No. of pupils in class 6	
				Non-orphaned	Orphaned	Non-orphaned	Orphaned
Mwimbi	4	4	8	12	12	13	13
Muthambi	3	3	6	9	9	9	9
Chuka	3	3	6	6	6	6	6
Total	**10**	**10**	**20**	**27**	**27**	**28**	**28**

3.6Instrumentação

Este trabalho utilizou questionários, que foram administrados aos alunos, aos professores da turma e aos diretores-adjuntos, para determinar a influência da orfandade no desempenho académico, no relacionamento interpessoal e na disciplina: A primeira secção continha informações pessoais do aluno e foi elaborada pelo autor; a segunda e a terceira secções continham as relações interpessoais e a disciplina do aluno, respetivamente, e foram adoptadas de Gitumu (2006); o questionário do diretor de turma e do diretor-adjunto tinha uma secção que continha informações sobre o desempenho académico, as relações interpessoais e a disciplina dos alunos órfãos. Os professores forneceram dados sobre o desempenho académico de dois períodos consecutivos de cada aluno.

3.6.1Validade e fiabilidade

Após a elaboração dos instrumentos, a autora verificou cuidadosamente o instrumento para garantir que ajudava a responder aos objectivos declarados. Posteriormente, a autora fez com que o instrumento fosse validado pelos seus supervisores de investigação e por outros especialistas em investigação. Além disso, a autora submeteu os instrumentos a um estudo-piloto antes do início do estudo propriamente dito. O estudo-piloto foi realizado em duas escolas primárias públicas no distrito de Meru Central, que não se encontravam entre as que foram incluídas no trabalho efetivo. O objetivo do estudo-piloto era avaliar o coeficiente de fiabilidade do instrumento de investigação. Para determinar a consistência interna dos itens, foi utilizado o coeficiente alfa de Cronbach, que é uma forma geral da fórmula de Kuder-Richardson (K-R) 20. Os resultados do teste-piloto indicaram que os itens do instrumento sobre o desempenho académico, as relações interpessoais e a disciplina obtiveram 0,85, 0,83 e 0,81, respetivamente. Estes coeficientes foram considerados aceitáveis e reflectem os níveis de consistência com um coeficiente de fiabilidade global de 0,83. O investigador utilizou o coeficiente alfa de Cronbach para estimar a fiabilidade, uma vez que pode avaliar itens de resposta múltipla (Kathuri & Pals, 1993). Um coeficiente de fiabilidade de pelo menos 0,7 é considerado aceitável (Fraenkel &Wallen, 2000). Os coeficientes mais elevados implicam que os itens estão altamente correlacionados entre si e que existe consistência entre os itens na medição do desempenho académico, da disciplina e das relações interpessoais dos alunos. Assim, o instrumento foi considerado fiável.

3.7Procedimento de recolha de dados

Em o autor começou por obter uma autorização de investigação do Ministério da Educação. Após a obtenção da autorização, o autor dirigiu-se às escolas com uma carta de apresentação explicando o objetivo deste trabalho e a autorização de investigação. O autor obteve ainda autorização dos diretores das escolas para ter acesso aos inquiridos. O autor visitou as escolas selecionadas e aplicou pessoalmente os questionários aos alunos, professores e diretores de turma selecionados, assegurando-lhes a confidencialidade. O autor foi assistido no exercício pelos professores das respectivas escolas para obter um feedback imediato. Um total de 110 alunos preencheram corretamente os questionários: 55 alunos órfãos e 55 alunos não órfãos. Os professores das turmas forneceram os resultados dos exames dos seus alunos nos dois últimos períodos lectivos consecutivos. A partir da média da turma calculada, a pontuação média de cada aluno foi comparada com a média da turma. A partir da média calculada, a pontuação média de cada aluno foi comparada com a média da turma, o que mostrou claramente os desvios da pontuação do aluno em relação à média da turma, como sendo superior ou inferior. O facto de a média ser uma pontuação central ajudou o investigador a classificar as pontuações dos alunos como médias, abaixo ou acima da média. No final, os inquiridos entregaram os questionários preenchidos aos seus professores de turma e o investigador atribuiu-lhes números de série para ajudar no acompanhamento, caso fosse necessário. Os diretores-adjuntos e os professores das turmas entregaram os questionários diretamente ao investigador. A taxa de resposta aos questionários foi de 100%.

3.8Análise de dados

Os dados recolhidos neste trabalho foram analisados com recurso a estatísticas descritivas e inferenciais. A estatística descritiva foi utilizada para analisar os dados, incluindo frequências, médias e percentagens. De acordo com Ferguson (1989), o teste t é utilizado para comparar se existem diferenças significativas entre dois grupos. O nível de significância foi fixado em a=0,05 e o Statistical package for social sciences (SPSS) versão 11.5 foi utilizado na introdução e análise dos dados. De acordo com Borg (1989), o SPSS é o conjunto de programas informáticos mais utilizado na investigação em educação. Trata-se de uma coleção abrangente e integrada de programas informáticos para gestão, análise e visualização de dados. Neste estudo, o primeiro objetivo foi analisado com recurso a frequências, percentagens e gráficos de pizza. Os objectivos dois, três e quatro utilizaram o teste t independente para comparar se existiam diferenças significativas entre as relações interpessoais, a disciplina e o desempenho académico dos alunos órfãos e não órfãos.

CAPÍTULO 4

RESULTADOS E DISCUSSÃO

4.1 Introdução

Este capítulo apresenta os resultados e as discussões sobre a influência da orfandade no desempenho académico, nas relações interpessoais e na disciplina dos alunos órfãos do ensino primário. Para analisar os dados, foram utilizadas estatísticas descritivas que incluíam percentagens, médias e frequências, com o auxílio do Statistical Package for Social Sciences (S.P.S.S) versão 11.5 para Windows. A análise dos dados foi orientada pelos seguintes objectivos para este trabalho.

(i) Descobrir os problemas enfrentados pelos alunos órfãos nas escolas primárias públicas do distrito sul de Meru.

(ii)Descobrir a influência da orfandade nas relações interpessoais dos alunos

nas escolas primárias públicas do distrito de Meru South.

(iii) Determinar a influência da orfandade na disciplina dos alunos nas escolas primárias públicas do distrito sul de Meru.

(iv) Avaliar a influência da orfandade no desempenho académico dos alunos em escolas primárias públicas no distrito de Meru South.

4.2 Caraterísticas demográficas dos inquiridos

Esta secção centra-se nas caraterísticas demográficas dos inquiridos na área de estudo.

Esta informação de base é essencial para compreender os inquiridos e também ajuda a analisar os resultados. A análise dos inquiridos foi feita com base no sexo e na idade. Os quadros 2 e 3 fornecem informações claras sobre as caraterísticas demográficas dos inquiridos por sexo e idade.

Quadro 2

Distribuição da amostra por género

Gender	**Frequency**	**percentage**
Orphans		
Girls	30	54.5%
Boys	25	45.5%
Total	**55**	**100%**
Non-orphans		
Girls	31	56.4%
Boys	24	43.6%
Total	**55**	**100%**

De acordo com o Quadro 2, a percentagem de raparigas órfãs era de 54,5%, enquanto a de rapazes órfãos era de 45,5%, o que mostra que, na área em análise, as raparigas são mais órfãs do que os rapazes.

Quadro 3

Distribuição etária dos alunos em anos

Orphans

Age	**Frequency**	**Percentage**
10-12	8	14.6%
13-15	40	72.7%
16-18	7	12.7%
Total	**55**	**100%**

Non-orphans

Age	**Frequency**	**Percentage**
10-12	17	30.9%
13-15	37	67.3%
16-18	1	1.8%
Total	**55**	**100%**

No quadro 3, a maioria dos alunos tem entre 13 e 15 anos. Nesta faixa etária, os alunos órfãos são mais numerosos do que os não órfãos. Também se nota que há mais alunos órfãos (12,7%) entre os 16 e os 18 anos que ainda frequentam a escola primária, ao contrário dos seus colegas que têm pais (1,8%), o que pode dever-se ao facto de os alunos órfãos se ausentarem da escola, obrigando-os a repetir algumas aulas, ou à negligência dos seus tutores, familiares e comunidade.Por conseguinte, o desempenho escolar dos órfãos e a sua vida social podem deteriorar-se devido a traumas psicológicos não resolvidos, diminuição da autoestima e absentismo agudo (Ritcher, 2004), como citado por Sdorrow (2005).

4.3Categoria de orfandade e problemas enfrentados pelos alunos órfãos.

O primeiro objetivo deste trabalho era descobrir os problemas com que se defrontam os alunos órfãos. Antes disso, era necessário descobrir os alunos que eram órfãos de pai, de mãe ou de ambos os pais em escolas primárias públicas, o que ajudou a descobrir os problemas com que se defrontam. Os resultados são apresentados e discutidos no quadro 4 e nas figuras 3, 4 e 5.

Quadro 4

Categoria de orfandade

	Rapazes	Percentagem(%)	Raparigas	Percentagem (%)
Pai	6	24	11	36.7
Mãe	6	24	4	13.3
Ambos os pais	13	52	5	50
Total	**25**	**45.**	**530**	**54.5**

De acordo com o Quadro 4, as raparigas são mais órfãs de pai (12,7%) do que os rapazes (24%). No entanto, os rapazes são mais órfãos de mãe do que as raparigas (10,7%), o que demonstra claramente que existe uma ligeira percentagem de 2% no número de rapazes e raparigas órfãos de pai e mãe.

4.3.1Respostas dos diretores de escola sobre os problemas dos alunos órfãos.

Os diretores-adjuntos são responsáveis pela disciplina nas escolas e, por conseguinte, dispõem de informações sobre os alunos nas suas escolas. Uma vez que interagem mais com os alunos, compreendem melhor os seus problemas, como se pode ver na figura 3.

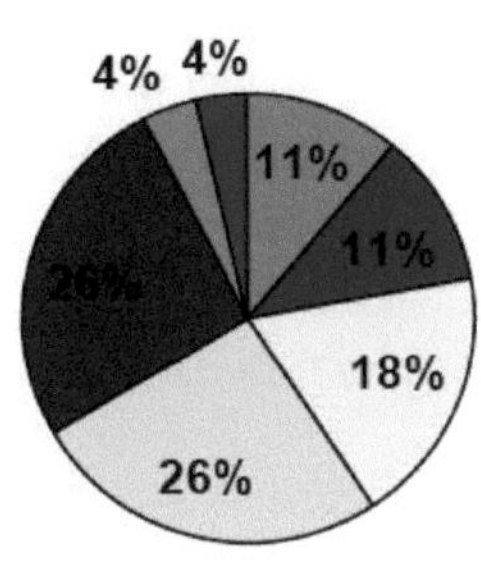

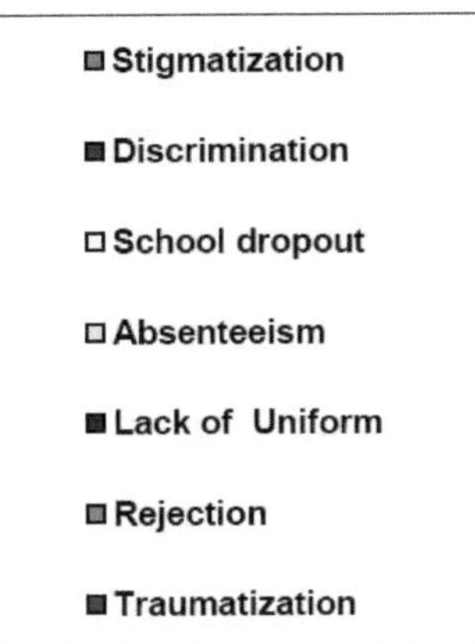

Figura 3: Respostas dos diretores-adjuntos sobre os problemas enfrentados pelos alunos órfãos nas escolas.

De acordo com a figura 3, as observações dos vice-diretores são que a maioria dos alunos órfãos (26%) não tem uniforme escolar e o outro grande desafio é que 25% dos órfãos faltam à escola e 19% abandonam a escola. Verifica-se ainda que 11% dos alunos órfãos são discriminados e sofrem de estigmatização. No entanto, uma percentagem muito pequena de alunos órfãos (4%) é traumatizada e rejeitada. A pressão para abandonar a escolaridade intensifica-se quando um ou ambos os pais morrem (Turner, 1991). Tagoboa (1993) indica que os órfãos são por vezes estigmatizados pelos colegas na escola, o que os afecta académica e socialmente e os leva a retrair-se. De acordo com o Ministro dos Assuntos do Género e da Criança, os órfãos representam os membros mais vulneráveis da nossa sociedade porque não têm voz para defender os seus direitos. Demasiadas vezes são negligenciados, explorados e discriminados. Disse ainda que havia 13 280 agregados familiares no Quénia a cuidar de órfãos (Mwandoto, 2008).

4.3.2 Respostas dos professores da turma sobre os problemas dos alunos órfãos.

Os professores interagem mais estreitamente com os seus alunos na sala de aula do que qualquer outra pessoa na escola. Todos os dias, ao ensinarem os seus alunos, chamam os registos de turma. Estão bem informados dos problemas e desafios diários nas suas respectivas turmas através dos diretores de turma. Uma vez que são as pessoas que estão no terreno, conhecem bem os seus alunos e, em especial, os problemas enfrentados pelos alunos órfãos, tal como apresentado na figura 4.

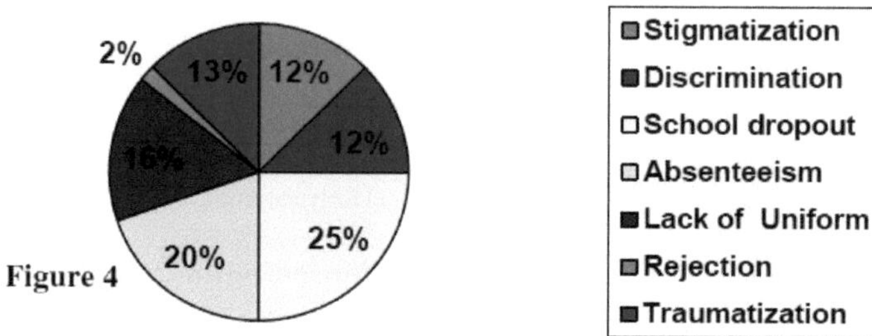

Figura 4: Respostas dos diretores de turma sobre os problemas enfrentados pelos alunos órfãos nas escolas

Uma inspeção dos resultados na figura 4 indica que, de acordo com as observações dos professores, a maioria dos alunos órfãos (24%) abandona a escola e o absentismo é o outro grande desafio, em que 19% dos órfãos faltam à escola. Verifica-se ainda que 16% dos alunos órfãos não têm uniforme escolar adequado e 13% são igualmente discriminados, traumatizados ou sofrem de estigmatização. No entanto, uma percentagem muito pequena de alunos órfãos (2%) é rejeitada. Os órfãos e outras crianças afectadas têm mais probabilidades de sofrer de má nutrição ou de adoecer e menos probabilidades de obter os cuidados médicos e de saúde de que necessitam. A pobreza é a causa principal desta vulnerabilidade, mas muitas vezes a negligência e a discriminação por parte dos adultos a quem foram deixadas também são factores que contribuem para esta situação (OMS, 2005).

4.3.3 Respostas dos alunos órfãos sobre os problemas que enfrentam nas escolas

A fim de esclarecer melhor os problemas dos alunos órfãos, foi-lhes perguntado quais os problemas que enfrentam nas escolas. Os resultados são apresentados e discutidos na figura 5.

Figura 5

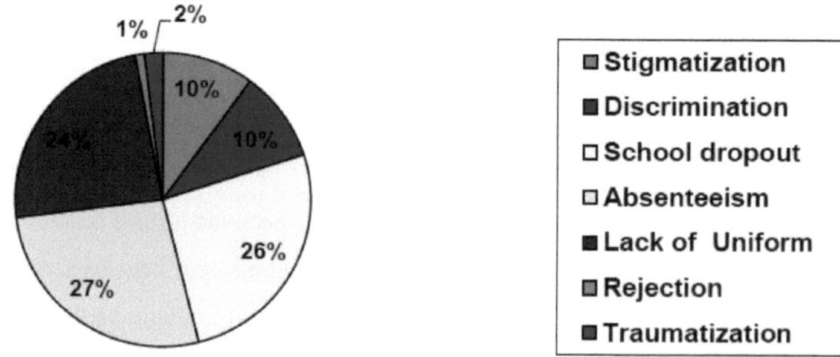

Figura 5: Respostas dos alunos órfãos sobre os problemas que enfrentam nas escolas.

De acordo com a figura 5, os alunos órfãos referem que a maioria deles (26%) abandona a escola e o absentismo é o outro grande desafio, em que 27% dos órfãos faltam à escola. Isto pode dever-se ao facto de assumirem os seus papéis parentais de tomar conta dos outros irmãos. Verifica-se ainda que 24% dos alunos órfãos não têm uniforme escolar adequado e 10% são igualmente discriminados ou sofrem de estigmatização. No entanto, uma percentagem muito pequena de alunos órfãos (1%) é rejeitada e traumatizada (2%).

Assim, em comparação, os diretores-adjuntos, os professores de turma e os alunos órfãos concordam que o uniforme (25,3%), o abandono escolar (23%) e o absentismo (22%) são os principais problemas que os alunos órfãos enfrentam nas escolas. A estigmatização e a discriminação têm igualmente 11%, seguidas da rejeição 4,7% e da traumatização (3%).

4.3.4 As pessoas que cuidam dos alunos órfãos em casa

A partir dos problemas constatados com os alunos órfãos, foi necessário descobrir quem são os verdadeiros responsáveis por estes órfãos em casa. Os antecedentes das crianças influenciam a sua disciplina, relações interpessoais e desempenho académico na escola. As conclusões são apresentadas na figura 6.

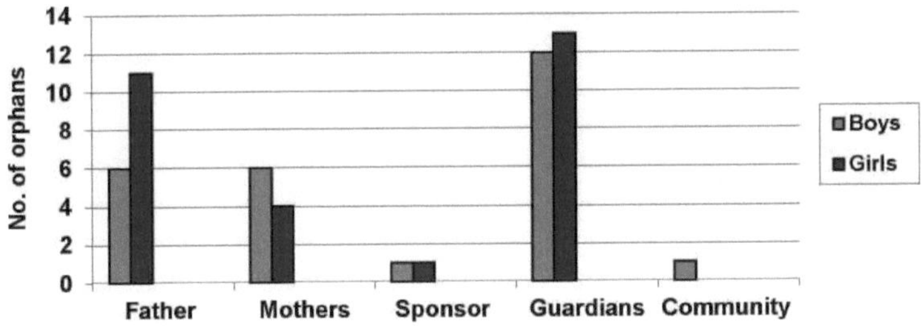

Cuidadores

Figura 6: As pessoas que cuidam dos alunos órfãos em casa

A partir dos resultados reflectidos na Figura 6, a maioria dos órfãos é cuidada pelos seus tutores e não pelos seus pais biológicos, o que pode explicar o seu fraco desempenho académico. A maioria destes tutores são parentes que podem não substituir o vazio deixado pelos pais biológicos. Quando os pais morrem, os órfãos são muitas vezes enganados em relação a bens e dinheiro que lhes pertencem por direito (Malanda, 2002). A nível social, as crianças podem ser discriminadas, enquanto os familiares gananciosos lhes negam, por vezes, os seus direitos de herança. Por vezes, as crianças são obrigadas a ser separadas e repartidas entre familiares ou a mudar-se de zonas urbanas ricas para zonas rurais pobres (Appilla, 2000), como citado por Sdorrow (2005). Isto, por sua vez, afecta as suas relações interpessoais, uma vez que estão a interagir com novas pessoas. A sua concentração nas aulas pode ser afetada por falta de apoio, orientação e amor dos pais.

4.4 Relação interpessoal dos alunos

O segundo objetivo do estudo era descobrir a influência da orfandade nas relações interpessoais dos alunos nas escolas primárias públicas do distrito de Meru South. A fim de avaliar efetivamente as relações interpessoais, as análises foram feitas com a ajuda de testes t.

4.4.1Relações interpessoais dos alunos órfãos e não órfãos

Para determinar se existem diferenças nas relações interpessoais entre alunos órfãos e não órfãos, foram calculadas as pontuações médias e os desvios-padrão das relações interpessoais dos alunos. No entanto, foi também efectuada uma análise do teste t para testar a significância de quaisquer diferenças existentes. Os Quadros 5 e 6 apresentam um resumo dos resultados obtidos para os alunos órfãos e não órfãos, respetivamente.

Quadro 5

Comparação e análise do teste t sobre as relações interpessoais dos alunos.

Variable	N	mean	S.D	t-value	d.f	P value
Orphans I.R	55	50.36	50.39	2.34*	108	0.000
Non-orphans I.R	55	53.56	52.32		108	

*denota significância ao nível α= 0,05

I.R-Relação Interpessoal

A análise dos resultados da Tabela 5 indica que existem algumas diferenças nas relações interpessoais médias entre alunos órfãos e não órfãos. A média das relações interpessoais para os órfãos foi de 50,36, ao passo que a dos não órfãos foi 3,2 pontos mais elevada do que a dos alunos órfãos, que foi de 53,56. O desvio em relação à média para os órfãos é de 0,03 e para os não órfãos é de 1,24. Isto implica que os alunos órfãos têm piores relações interpessoais do que os alunos não órfãos, embora por uma pequena margem. No entanto, este resultado não foi suficiente para se chegar a uma conclusão sobre a hipótese formulada. Por conseguinte, uma análise das pontuações médias e dos desvios-padrão (D.P.) deveria fornecer uma pista, que o valor do teste t corroboraria ou falsificaria. O valor t obtido (t=2,34, P >0,05) é indicativo de diferenças estatisticamente significativas nas relações interpessoais entre alunos órfãos e não órfãos. Tendo em conta estes resultados, rejeitou-se a hipótese (Ho_1) de que não há diferença significativa entre as relações interpessoais dos alunos órfãos e não órfãos nas escolas primárias públicas do distrito de Meru South. Isto está de acordo com investigadores anteriores que concluíram que, em resultado da morte dos pais, as crianças tendem a procurar apoio psicossocial e satisfação no maior número possível de pares, o que, por sua vez, melhora as relações interpessoais (Kiirya, 2005). Este argumento é consistente com Erickson (1963), que salientou que as crianças que enfrentam a perda/ausência dos pais compensam o isolamento procurando apoio social de várias pessoas, incluindo colegas.

4.4.2 Relações interpessoais dos alunos por género.

A fim de esclarecer melhor o segundo objetivo, o estudo verificou a influência da orfandade nas relações interpessoais dos alunos do mesmo sexo em escolas primárias públicas do distrito de Meru South. A fim de avaliar efetivamente as relações interpessoais, as análises foram feitas com a ajuda de estatísticas descritivas e testes t, como mostram os Quadros 6 e 7.

Quadro 6

Comparação e análise do teste t nas relações interpessoais das raparigas órfãs e não órfãs.

Variable	N mean	S.D	t-value	Df	P value
Orphans I.R	3057.97	28.79	5.71*	59	0.024
Non-orphans I.R	31	66.7743.32			

*denota significância ao nível α=0,05

I.R-Relação Interpessoal

Uma análise dos resultados da Tabela 6 indica que existem algumas diferenças nas relações interpessoais entre as raparigas órfãs e as não órfãs. A média das relações interpessoais das raparigas órfãs foi de 57,97, ao passo que a das raparigas não órfãs foi 8,8 pontos mais elevada do que a das órfãs, com 66,77. O desvio em relação à média das raparigas órfãs foi de 28,88 e o das raparigas não órfãs foi de 23,45. No entanto, este resultado não foi suficiente para se chegar a uma conclusão sobre a hipótese formulada. Por isso, um olhar sobre as pontuações médias e os desvios-padrão (D.P.) deveria fornecer uma pista, que o valor do teste t corroboraria ou falsificaria. O valor t obtido (t=5,71, P <0,05) é indicativo de diferenças estatisticamente significativas nas relações interpessoais entre raparigas órfãs e não órfãs. Tendo em conta estes resultados, a hipótese (Ho_1) que sugere que não há diferença significativa entre as relações interpessoais das alunas órfãs e não órfãs nas escolas primárias públicas de Meru South foi, portanto, rejeitada.

Isto está de acordo com Dawson (1991), que observou que os alunos de famílias monoparentais tendem a ter mais problemas na escola, entre os quais um fraco desempenho académico e relações interpessoais deficientes. O desenvolvimento emocional dos filhos parece constituir um problema maior para os pais, pelo que muitos deles não se sentem preparados para lidar com perturbações emocionais (Keshets & Rosental, 1981). Os problemas relacionam-se sobretudo com a discussão sobre sexo com as filhas e com a preocupação com os comportamentos sexuais (Mendes, 1976), pelo que as filhas têm maior probabilidade de ter uma baixa autoestima, um fraco desenvolvimento das relações interpessoais e da disciplina (Schlesinge, 1978).

Quadro 7

Comparação e análise do teste t nas relações interpessoais dos rapazes órfãos e não órfãos.

Variable	N	mean	S.D	t-value	Df	P value
Orphans I.R	24	50.8	26.45	-3*	49	0.048
Non-orphans I.R	25	49.7	26.1			

*denota insignificância ao nível α = 0,05

I.R-Relação Interpessoal

A partir dos resultados reflectidos na Tabela 7, é claramente evidente que existem ligeiras diferenças médias nas relações interpessoais entre rapazes órfãos e não órfãos. A média dos rapazes órfãos é de 50,8 e a dos rapazes não órfãos é de 49,7. O desvio em relação à média para os alunos órfãos é de -24,35 e para os alunos não órfãos é de -23,6. Estas conclusões sugerem que a orfandade do género masculino, como caraterística do aluno, não exerceu qualquer influência significativa nas relações interpessoais dos rapazes órfãos e não órfãos. Isto pode significar que o desenvolvimento social e psicológico dos rapazes é mais afetado por factores externos, como a pressão dos pares, do que o das raparigas.

Para esclarecer melhor o segundo objetivo, o estudo verificou a influência da orfandade nas relações interpessoais dos alunos do sexo masculino e feminino das escolas primárias públicas do distrito de Meru South. A fim de avaliar efetivamente as relações interpessoais, as análises foram feitas com a ajuda de testes t, como se mostra nos Quadros 8.

Quadro 8

Médias, DPs e análise do teste t de amostras independentes sobre a relação interpessoal de rapazes e raparigas órfãos.

gender	mean	S.D	t-value	Df	P value
I.R of Boys	50.04	26.45	2.767*	53	0.000
I.R of girls	57.97	28.79			

*denota significância ao nível α= 0,05

I.R-Relação Interpessoal

A partir dos resultados apresentados no Quadro 8, é evidente que existem diferenças médias nas relações interpessoais entre raparigas e rapazes órfãos. A média dos rapazes órfãos é de 50,4 e a das raparigas órfãs é de 57,97. O desvio em relação à média para os rapazes é de -23,59 e para as raparigas é de -29,18. Estas conclusões sugerem que a orfandade tem influência nas relações interpessoais, dependendo do género dos alunos. Por conseguinte, estes resultados mostram que as raparigas órfãs têm níveis mais elevados de relações interpessoais do que os rapazes órfãos. Isto pode significar que o desenvolvimento social e psicológico dos rapazes é mais afetado por factores externos, como a pressão dos pares, do que o das raparigas. Isto pode dever-se ao facto de as raparigas tenderem geralmente a ser mais sociáveis e extrovertidas do que os rapazes. Isto pode ainda ser apoiado pelo facto de as raparigas atingirem a maturação física, social e psicológica mais cedo e mais rapidamente do que os rapazes (Papalia *et al,* 1999).

4.4.3 Níveis de relacionamento interpessoal dos alunos órfãos e não órfãos

Para classificar os alunos de acordo com os seus níveis interpessoais, foram-lhes atribuídos pontos em função das suas respostas à escala de Liker de cinco pontos. Como resultado, o total de pontos foi classificado em três categorias de níveis baixo, moderado e alto de relações interpessoais. Os alunos que disseram discordar fortemente e discordar tinham um nível baixo, os indecisos tinham um nível moderado e os que concordaram e concordaram fortemente tinham um nível elevado de relações interpessoais, respetivamente, como mostra o Quadro 9.

Quadro 9

Comparação dos níveis de relacionamento interpessoal de alunos órfãos e não órfãos

	Órfãos			**Não órfãos**		
I.R	Elevado	Moderado	Baixa	Elevado	Moderado	Baixa
Frequência	36	10	9	40	13	2
Percentagem	65.5%	18%	16.5%	72.8%	23.6 %	3.6%

I.R-Relação Interpessoal

A partir do Quadro 9, é evidente que um número ligeiramente superior de alunos não órfãos (72,8%) tem relações interpessoais elevadas do que os alunos órfãos (65,5%). Também se nota que um número superior de alunos órfãos (16,5%) tem relações interpessoais baixas do que os alunos não órfãos (3,6%). Por exemplo, sem relações interpessoais próximas, é mais provável que a pessoa fique deprimida, o que, por sua vez, contribui significativamente para a doença física. Isto justifica o facto de as crianças órfãs necessitarem de amor, carinho, apoio e simpatia por parte dos professores, dos outros alunos e dos encarregados de educação, uma vez que a maior parte delas referiu que não gosta de partilhar os seus problemas com os outros.

4.4.4 Respostas dos professores da turma sobre as relações interpessoais dos alunos órfãos

Para esclarecer o segundo objetivo, foram atribuídos pontos às observações dos professores sobre as relações interpessoais dos alunos, em função das suas respostas à escala de Likert de cinco pontos. Como resultado, o total de pontos foi classificado em três categorias de níveis baixo, moderado e alto de relações interpessoais. Os que disseram discordar fortemente e discordar tinham níveis baixos, o grupo indeciso tinha níveis moderados e os que concordaram e concordaram fortemente tinham níveis elevados de relações interpessoais, respetivamente, como mostram os Quadros 10 e 11.

Quadro 10

Comparação das respostas dos professores sobre os níveis de relacionamento interpessoal dos alunos órfãos

	Órfãos			
I.R	Elevado	Moderado	Baixo	Total
Frequência	4	9	7	20
Percentagem	20%	45%	35%	100%

Quadro 11

Comparação das respostas dos diretores-adjuntos sobre os níveis de relações interpessoais dos alunos órfãos

	Órfãos			
I.R	Elevado	Moderado	Baixa	Total
Frequência	3	4	3	10
Percentagem	30%	40%	30%	100%

As tabelas 10 e 11 mostram que a maioria dos professores de turma (45%) apoia o facto de os alunos órfãos terem relações interpessoais moderadas e baixas (35%). No entanto, apenas (20%) têm relações interpessoais elevadas. Isto está de acordo com a maioria dos diretores-adjuntos (40%) que afirmam que os alunos órfãos têm relações interpessoais moderadas e baixas (30%). No entanto, apenas (30%) têm relações interpessoais elevadas. A escola é uma instituição social onde os alunos devem interagir e socializar bem com os outros. Por conseguinte, neste estudo, alguns casos de traumatização e estigmatização dos alunos órfãos podem ter contribuído para os baixos níveis de relações interpessoais dos alunos órfãos, tal como referido anteriormente nos problemas enfrentados pelos alunos órfãos.

4.5Disciplina dos alunos

A disciplina é o fator determinante na vida de qualquer pessoa. Um aluno disciplinado terá um bom desempenho académico, embora as capacidades também desempenhem um papel importante. Os diretores-adjuntos foram incluídos no estudo, uma vez que são os guardiães da disciplina nas escolas.

4.5.1Disciplina dos alunos órfãos e não órfãos

O terceiro objetivo deste trabalho era descobrir a influência da orfandade na disciplina dos alunos nas escolas primárias públicas do distrito de Meru South. A fim de avaliar efetivamente a disciplina dos alunos, as análises foram feitas com a ajuda de estatísticas descritivas e de testes t. Para determinar se existiam ou não diferenças de disciplina entre alunos órfãos e não órfãos, foram calculadas as pontuações médias e os desvios-padrão dos alunos. No entanto, foi também efectuada uma análise do teste t para testar a importância das diferenças existentes. Os quadros 12 e 13 apresentam um resumo dos resultados obtidos para os alunos órfãos e não órfãos, respetivamente.

Quadro 12

Médias, DPs e análise do teste t de amostras independentes, sobre a disciplina dos alunos órfãos e não órfãos

Variable	N mean	S.D	t-value	Df	P value
Orphans'5525.58 discipline		57.51	3.08*	108	0.000
Non-orphans'5530.4 Discipline		79.6			

*denota significância a α= 0,05

Os resultados do Quadro 12 indicam que existem diferenças entre os alunos órfãos e não órfãos. A média de disciplina dos órfãos foi de 25,58, ao passo que a dos não órfãos foi 4,82 pontos superior à dos alunos órfãos, que foi de 25,58. O desvio em relação à média dos órfãos foi de 31,93 e o dos não órfãos foi de 49,2, o que significa que os alunos órfãos têm uma disciplina mais fraca do que os alunos não órfãos. No entanto, este resultado não foi suficiente para se chegar a uma conclusão sobre a hipótese formulada. Por conseguinte, uma análise das pontuações médias e dos desvios-padrão (D.P.) deveria fornecer uma pista, que o valor do teste t corroboraria ou falsificaria. O valor t obtido ($t=3,08$, $P <0,05$) é indicativo de diferenças estatisticamente significativas entre alunos órfãos e não órfãos. Isto implica que os alunos órfãos têm menos disciplina do que os alunos não órfãos. Este facto pode ser consequência da falta de necessidades básicas. Maslow (1970) construiu uma hierarquia das necessidades humanas que sugere que o crescimento ocorre através de um apoio ambiental suficiente. Na base da pirâmide estão as necessidades humanas básicas de alimentação, vestuário e abrigo e a sobrevivência vem em primeiro lugar. Um aluno que chega à escola com fome passará a maior parte do seu tempo a pensar e a sonhar com comida e não com matemática ou qualquer outra disciplina. A maioria dos órfãos encontra-se nesta categoria e, para passar à fase seguinte de amor e necessidade de pertença, as necessidades básicas de alimentação, vestuário e abrigo devem ser satisfeitas em primeiro lugar. Isto explica porque é que os órfãos podem não se concentrar nas aulas ou ter outros comportamentos impróprios.

4.5.2 Disciplina dos rapazes e raparigas órfãos e não órfãos

O terceiro objetivo deste trabalho era determinar a influência da orfandade na disciplina dos alunos. Como resultado, foi estabelecida a disciplina de rapazes e raparigas órfãos e não órfãos em escolas primárias públicas. A fim de avaliar efetivamente a sua disciplina, as análises foram feitas com a ajuda de estatísticas descritivas e testes t, como mostram os Quadros 13 e 14.

Quadro 13

Médias, DPs e análise do teste t de amostras independentes, sobre a disciplina das raparigas órfãs e não órfãs

Girls

Variable	N mean	S.D	t-value	Df	P value
Orphans	3079.4	48.64	-1.06*	59	0.046
Non-orphans	3177.48	51.15			

*denota insignificância a $\alpha = 0,05$

A partir dos resultados apresentados na tabela 13, é claramente evidente que existem ligeiras diferenças médias na disciplina entre as raparigas órfãs e não órfãs. A média das raparigas órfãs foi de 79,4 e a das raparigas não órfãs foi de 77,48. O desvio padrão da média das raparigas órfãs foi de -30,76 e o das raparigas não órfãs foi de -26,33. Estas conclusões sugerem que a orfandade de uma rapariga, como caraterística do aluno, não exerceu qualquer influência significativa na disciplina das raparigas órfãs e não órfãs. Isto pode significar que as raparigas desempenham sempre o papel de mãe nas tarefas domésticas. Isto pode também dever-se ao facto de as raparigas tenderem geralmente a ser mais sociáveis e extrovertidas do que os rapazes. Isto pode ainda ser apoiado pelo facto de as raparigas atingirem a maturação física, social e psicológica mais cedo e mais rapidamente do que os rapazes (Papalia *et al,* 1999).

Quadro 14

Médias, DPs e análise do teste t de amostras independentes, sobre a disciplina de rapazes órfãos e não órfãos

Variable	N mean	S.D	t-value	Df	P value
Orphans	247950.0116.63*49		0.000		
Non-orphans	2541.0362.42				

*denota significância a α= 0,05

Os resultados da Tabela 14 mostram que t=16,63, P<0,05. Assim, rejeitamos a hipótese nula de que não há diferença significativa na disciplina dos alunos órfãos do ensino primário (rapazes). A média para os rapazes órfãos foi de 79 e a dos rapazes não órfãos foi de 41,03.Além disso, esta diferença média revelou-se estatisticamente significativa (t=16,63, P<0,05). Os desvios-padrão da média para os órfãos é de -28,99 e para os não órfãos é de 21,39. Estes resultados sugerem que a orfandade de um rapaz, como caraterística do aluno, exerceu uma influência significativa na disciplina dos rapazes órfãos e não órfãos. A hipótese nula (Ho_2), que afirma não haver diferença significativa entre a disciplina dos alunos órfãos e não órfãos nas escolas primárias públicas do distrito de Meru South, foi rejeitada, porque os rapazes órfãos e não órfãos se comportaram de forma diferente. Isto implica que os rapazes órfãos têm menos disciplina do que os rapazes não órfãos dentro e fora da escola. Isto pode dever-se à falta de modelos a seguir na vida e à influência negativa dos colegas, em resultado da fase de negação em que negam a realidade da morte dos pais.

Quadro 15

Médias, DPs e análise do teste t de amostras independentes, sobre a disciplina de rapazes e raparigas órfãos.

Variable	N	gender	mean	S.D	t-value	Df	P value
Discipline	24	boys	7950.010.210*24 0.049				
30	girls	79.448.64					

*denota insignificância ao nível α = 0,05

A partir dos resultados apresentados na Tabela 7, é evidente que existem ligeiras diferenças médias na disciplina entre rapazes e raparigas órfãos. A média para os rapazes órfãos foi de 79 e a das raparigas órfãs foi de 79,4. O desvio padrão da média para os rapazes foi de -28,99 e para as raparigas foi de -30,76. Estas conclusões sugerem que a orfandade de género, como caraterística do aluno, não exerceu qualquer influência significativa na disciplina das raparigas e dos rapazes órfãos.

4.5.3 Níveis de disciplina dos alunos órfãos e não órfãos

Para classificar os alunos de acordo com o seu nível de disciplina, foram-lhes atribuídos pontos em função das suas respostas à escala de Likert. Como resultado, o total de pontos foi dividido em três categorias de níveis baixo, moderado e alto de relações interpessoais. Os alunos que disseram discordar fortemente e discordar tinham níveis de disciplina baixos, os indecisos tinham níveis moderados e os que concordaram e concordaram fortemente tinham níveis de disciplina elevados, respetivamente, como mostra o Quadro 16.

Quadro 16

Comparação dos níveis de disciplina dos alunos órfãos e não órfãos

	Orphans			Non-orphans		
I.R	High	Moderate	Low	High	Moderate	Low
Frequency	32	17	6	49	6	0.
Percentage	58.2%	30.9%	10.9%	89.1%	10.9 %	0%

A partir do Quadro 16, é evidente que um número ligeiramente superior de alunos não órfãos (89,9%) tem uma disciplina elevada, mais do que os alunos órfãos (58,2%). Também se nota que os alunos órfãos (10,9%) têm uma disciplina baixa, ao contrário dos alunos não órfãos (0%). Estas conclusões coincidem com as de investigadores anteriores que atribuíram os problemas de comportamento das crianças à falta de cuidados e orientação adequados por parte dos pais (Drafoo, 1990).

4.5.4 Respostas dos professores da turma sobre a disciplina dos alunos órfãos

Para esclarecer melhor o terceiro objetivo, foram atribuídos pontos às observações dos professores sobre a disciplina dos alunos, em função das suas respostas à escala de Likert. Como resultado, o total de pontos foi classificado em três categorias de níveis de disciplina baixos, moderados e elevados. Os que disseram discordar fortemente e discordar tinham níveis baixos, o grupo indeciso tinha níveis moderados e os que concordaram e concordaram fortemente tinham níveis elevados de relações interpessoais, respetivamente, como mostram os Quadros 17 e 18.

Quadro 17

Respostas dos diretores-adjuntos sobre os níveis de disciplina dos alunos órfãos.

Órfãos				
I.R	Elevado	Moderado	Baixa	Total
Frequência	3	6	1	10
Percentagem	30%	60%	10%	100%

Quadro 18

Respostas dos diretores de turma sobre os níveis de disciplina dos alunos órfãos.

Órfãos				
I.R	Elevado	Moderado	Baixa	Total
Frequência	5	10	5	20
Percentagem	25%	50%	25%	100%

A partir dos Quadros 17 e 18, é evidente que mais alunos órfãos (70%) têm uma disciplina baixa ou moderada do que uma disciplina elevada (30%), de acordo com os diretores-adjuntos. Os diretores de turma também observaram que 75% dos alunos órfãos têm uma disciplina moderada ou baixa. Este facto está de acordo com as respostas dadas pelos alunos no questionário. Isto implica, portanto, que estes resultados coincidem com os de investigadores anteriores que atribuíram os problemas de comportamento das crianças à falta de cuidados e orientação parentais adequados (Drafoo, 1990).

4.6Desempenho académico dos alunos órfãos e não órfãos.

O quarto objetivo do trabalho era descobrir a influência da orfandade no desempenho académico dos alunos nas escolas primárias públicas do distrito de Meru South. Para avaliar eficazmente o seu desempenho académico, as análises foram feitas com recurso a estatísticas descritivas e testes t. Para determinar se existem ou não diferenças de desempenho académico entre alunos órfãos e não órfãos, foram calculadas as médias académicas dos alunos em dois períodos consecutivos e os desvios-padrão. No entanto, também se efectuou a análise do teste t para testar a significância de quaisquer diferenças existentes. Os Quadros 19 e 20 apresentam um resumo dos resultados obtidos para os alunos órfãos e não órfãos, respetivamente.

Quadro 19

Teste t de amostras independentes para a igualdade de médias no desempenho académico de alunos órfãos e não órfãos

Variable	N	category mean	class mean	S.D	t-value	Df	P value
Academic	55	orphans261.23	250	11.23	16.43 *	108	0.024
Performance	55	non-orphans282.56	250	32.56			
of pupils							

*denota significância a α=0,05

Os resultados do teste t, apresentados na tabela 19, indicam que existe uma diferença estatisticamente significativa (t=16,43, P<0,05) entre os alunos órfãos e os alunos não órfãos. A análise das pontuações médias para os dois tipos de alunos revelou uma pontuação média de 261,23 para os órfãos e de 282,56 para os alunos não órfãos. Os desvios-padrão da média para os órfãos foi de ±11,23 e para os não órfãos foi de 32,56. Por conseguinte, foi rejeitada a hipótese nula (Ho_3) que afirma não haver diferença significativa entre o desempenho académico dos alunos órfãos e não órfãos nas escolas primárias públicas do distrito de Meru South. Isto implica que os alunos órfãos tiveram um desempenho académico inferior ao dos alunos não órfãos. Richter, (2004), citado por Sdorrow (2005), observa que o desempenho escolar dos órfãos pode deteriorar-se devido a traumas psicológicos não resolvidos, baixa autoestima e absentismo agudo. Os desafios que enfrentam na escola, como a falta de uniforme, a discriminação, a traumatização e a rejeição, também podem ser responsáveis pelo seu fraco desempenho académico.

4.6.1 Desempenho académico dos rapazes e raparigas órfãos e não órfãos

A fim de esclarecer melhor o quarto objetivo, procurou-se determinar a influência da orhanhood no desempenho académico dos alunos do mesmo sexo nas escolas primárias públicas do distrito de Meru South. Para avaliar eficazmente o seu desempenho académico, as análises foram feitas com a ajuda de estatísticas descritivas e de testes t, como mostram os Quadros 20 e 21.

Tabela 20

Análise do teste t de amostras independentes, sobre o desempenho académico de raparigas órfãs e não órfãs.

Variable	N	category	mean	class mean	S.D	t-value	Df	P value
Academic	30	Orphans	249.8	250	-0.2	13.22 *	108	0.012
Performance of pupils	31	Non-orphans	270.42	250	20.42			

*denota significância a α= 0,05

Os resultados do teste t, apresentados na Tabela 20, indicam que existe uma diferença estatisticamente significativa (t=13,22, P<0,05) entre os alunos órfãos e os alunos não órfãos. A análise das notas médias dos dois tipos de alunos revelou uma nota média de 249,8 para os órfãos e de 270,42 para os alunos não órfãos. O desvio padrão da média para os órfãos é de -0,2 e para os não órfãos é de 20,42. Com efeito, a diferença de pontuação média foi de 20,62 a favor das alunas não órfãs. Daí a rejeição da hipótese nula que afirma que não há diferença significativa no desempenho académico das alunas órfãs do ensino primário (raparigas). Esta hipótese nula é rejeitada porque as raparigas órfãs têm um desempenho mais fraco do que as raparigas não órfãs. Isto pode dever-se ao facto de as raparigas órfãs desempenharem totalmente o papel dos pais, especialmente o papel da mãe. De acordo com os resultados do estudo, 31% das raparigas perderam a mãe, o que indica que estas raparigas ficam com os irmãos para cuidar delas, como mostra a figura 5. Foi necessário comparar o seu desempenho académico com o dos rapazes, como mostra a Tabela 21.

Quadro 21

Análise do teste t de amostras independentes, sobre o desempenho académico de rapazes órfãos e não órfãos.

Variable	N	category	mean	class mean	S.D	t-value	Df	P value
Academic	24	Orphans	264.76	250	14.76	17.02*	47	0.000
Performance of pupils	25	Non-orphans	297.6	250	47.6			

*denota significância a α= 0,05

A partir dos resultados apresentados na Tabela 21, é evidente que existem diferenças médias no desempenho académico entre rapazes órfãos e não órfãos, mas ambos os grupos têm um desempenho muito acima da média. A média para os rapazes órfãos foi de 264,76 e a dos rapazes não órfãos foi de 297,6. Os desvios-padrão da média para os órfãos foi de 14,76 e para os não órfãos foi de 47,6 . Com efeito, as diferenças médias eram 32,84 pontos mais elevadas a favor dos rapazes não órfãos. Estas conclusões sugerem que a orfandade de género, como caraterística do aluno, exerceu uma influência significativa no desempenho académico dos rapazes órfãos e não órfãos, o que implica que estes rapazes ficam com os irmãos para cuidar, como mostra a figura 5, ao contrário dos rapazes não órfãos.

Quadro 22

Comparação de médias, DPs e análise do teste t sobre o desempenho académico de rapazes e raparigas órfãos.

Variable category & genderN mean Class mean S.D t-value Df P valueAcademic

orphaned boys 24 264.76 250 14.7612.23* 53 0.000

Performance of orphaned girls25 249.8 250-0.2

of pupils

*denota significância a $\alpha = 0,05$

Os resultados do teste t na Tabela 22 indicam que existe uma diferença estatisticamente significativa (t=12,23P<0,05) entre as raparigas órfãs e os rapazes órfãos. A análise das classificações médias dos dois tipos de alunos revelou uma classificação média de 264,76 para os rapazes órfãos e de 249,8 para as raparigas órfãs. O desvio-padrão da média da turma de 250 pontos para os rapazes órfãos foi de 14,76 e para as raparigas órfãs foi de 0,2, o que significa que para as raparigas órfãs foi inferior à média da turma. Por conseguinte, a hipótese nula (Ho3) que afirmava não haver diferença significativa entre o desempenho académico dos alunos órfãos e não órfãos nas escolas primárias públicas de Meru South foi rejeitada. Isto significa que o desempenho académico dos rapazes órfãos é significativamente mais elevado do que o das raparigas órfãs, uma vez que estas desempenham um papel mais importante nas tarefas domésticas, como cozinhar e tomar conta de outros irmãos, ao contrário dos rapazes órfãos.

CAPÍTULO 5

RESUMO, CONCLUSÕES E RECOMENDAÇÕES

5.1Introdução

O objetivo deste estudo era determinar a influência da orfandade no desempenho académico, nas relações interpessoais e na disciplina dos alunos órfãos das escolas primárias públicas do distrito de Meru South.

5.2Resumo das conclusões

Com base nos objectivos e na análise deste trabalho no capítulo 4, o que se segue pode ser considerado como um resumo das conclusões:

i. Os alunos órfãos do ensino primário público tinham menos relações interpessoais do que os alunos não órfãos.

ii. As raparigas órfãs revelaram ter menos relações interpessoais do que as raparigas não órfãs.

iii. Não se registou uma diferença significativa nas relações interpessoais entre os rapazes.

iv. De um modo geral, os alunos órfãos do ensino primário público eram menos disciplinados do que os alunos não órfãos.

v. Os rapazes órfãos eram menos disciplinados do que os não órfãos.

vi. Não se verificou uma diferença significativa na disciplina das raparigas.

vii. Os alunos órfãos do ensino primário público tiveram um pior desempenho académico do que os alunos não órfãos.

viii. O desempenho académico dos alunos órfãos foi afetado pelo seu sexo, sendo que as raparigas órfãs tiveram um desempenho académico mais fraco do que os rapazes órfãos.

5.3Conclusões

De um modo geral, este trabalho permite concluir que:

i. A falta de uniforme escolar, o absentismo e o abandono escolar eram os principais problemas dos alunos órfãos.

ii. A orfandade influenciou as relações interpessoais dos alunos, uma vez que os alunos órfãos do ensino primário público tinham menos relações interpessoais do que os não órfãos.

iii. Até certo ponto, os pais influenciam a vida social dos seus filhos. Isto era mais profundo no caso das raparigas, uma vez que as raparigas órfãs tinham níveis mais baixos de relações interpessoais do que as não órfãs.

iv Os resultados revelaram que a orfandade influenciou a disciplina e o desempenho académico dos alunos. Especificamente, os alunos órfãos apresentaram níveis de disciplina mais baixos do que os alunos não órfãos.

v Os alunos órfãos tiveram um desempenho académico mais fraco do que os seus homólogos.

5.4Implicações

Uma análise atenta dos resultados deste trabalho sugere as seguintes implicações. Em primeiro lugar, o nível de relações interpessoais parece ser ligeiramente mais elevado nos alunos não órfãos do que nos órfãos. Isto implica que há certos traços psicológicos, emocionais e sociológicos essenciais que os alunos adquirem tanto dos pais do sexo feminino como do sexo masculino, à medida que se desenvolvem e crescem. A ausência de ambos ou de um dos pais significa, portanto, que os alunos desses agregados familiares carecem dessas caraterísticas importantes que são necessárias no processo de desenvolvimento das crianças, o que afecta negativamente as suas relações interpessoais. No entanto, as raparigas parecem lidar bem com a situação, uma vez que tendem geralmente a ser mais sociáveis e extrovertidas do que os rapazes. Além disso, atingem o crescimento físico, social e emocional mais cedo do que os rapazes.

Em segundo lugar, o trabalho indicou que os alunos órfãos registaram geralmente níveis mais baixos de disciplina do que os alunos não órfãos. As raparigas órfãs e não órfãs registaram níveis de disciplina semelhantes, ao contrário dos rapazes órfãos que indicaram níveis de disciplina mais baixos do que os rapazes não órfãos. Isto implica que os pais desempenham um papel vital na disciplina de uma criança. No entanto, as raparigas órfãs registaram níveis de disciplina mais elevados do que os rapazes órfãos porque, quando o pai não está presente, elas desempenham o papel de mãe e porque se sabe que as raparigas são geralmente mais obedientes dentro e fora da escola do que os rapazes.

Em terceiro lugar, os resultados do trabalho revelaram ainda que os alunos órfãos tinham geralmente um fraco desempenho académico na escola. Além disso, isto afectava mais as raparigas órfãs do que os rapazes. Isto significa que as raparigas podem ter de assumir responsabilidades relacionadas com o lar, tais como cozinhar e cuidar dos irmãos mais novos. Os rapazes e as raparigas órfãos tiveram um desempenho mais fraco do que os rapazes e as raparigas não órfãos, porque a sua disciplina e as suas relações interpessoais também são inferiores às destes últimos. É evidente que os alunos que têm fracas relações interpessoais e disciplina tendem a ter um fraco desempenho académico. Isto implica que os alunos órfãos devem beneficiar de serviços de aconselhamento para terem um bom desempenho nas aulas.

5.5Recomendações

A partir dos resultados deste trabalho, é evidente que a orfandade influencia as relações interpessoais, a disciplina e o desempenho académico dos alunos. Por conseguinte, com base nas conclusões deste estudo, são feitas as seguintes recomendações:

i. O Ministério da Educação, o Ministério do Género e da Criança, os administradores escolares, os professores, os tutores e outras partes interessadas têm de identificar e compreender as necessidades específicas dos alunos órfãos devido aos desafios da orfandade, o que pode ajudar a melhorar as relações interpessoais, a disciplina e o desempenho académico dos alunos órfãos.

ii. É necessário que o governo, através do Ministério da Educação, assegure que os alunos órfãos recebam bolsas de estudo e uniformes que lhes permitam frequentar sempre a escola, uma vez que o absentismo é altamente destacado nas conclusões do estudo e afecta negativamente o desempenho académico destes alunos.

iii. Os resultados deste livro indicam que os alunos órfãos têm geralmente baixos níveis de relações interpessoais e de disciplina em comparação com os alunos não órfãos. Por conseguinte, os conselheiros escolares, os professores e os administradores escolares devem esforçar-se por ajudar os alunos órfãos que são deixados ao cuidado dos tutores ou de um dos pais, com o objetivo de aumentar os seus níveis de relações interpessoais e de disciplina. Os programas de orientação e aconselhamento nas escolas e noutras instituições de ensino devem ser reforçados e apoiados, de modo a facilitar a identificação, a compreensão e a assistência aos alunos órfãos que têm necessidades especiais, a fim de os ajudar. É necessário rever constantemente as formas de incutir disciplina nas escolas, de modo a ter em conta as necessidades específicas dos alunos órfãos devido ao seu contexto familiar.

iv. A orfandade deixa aos alunos uma experiência para toda a vida. As crianças sofrem quando perdem os pais e passam pelas cinco fases seguintes: luto, negação, negociação, cura e aceitação, em que precisam que alguém esteja com elas (Turner,1995). Durante o Dia Mundial dos Órfãos, estas questões devem ser destacadas pelo Ministério do Género e dos Serviços Sociais, sob a tutela do Departamento da Criança, e os professores conselheiros devem ser cautelosos quando lidam com alunos órfãos, de modo a compreenderem os seus sentimentos.

v. O Instituto de Educação do Quénia deve desenvolver programas de estudo que dotem os professores de competências sobre a situação das crianças órfãs e vulneráveis nas escolas de formação de professores primários.

vi. Desde a introdução do ensino primário gratuito, o número de alunos matriculados tem vindo a aumentar gradualmente. Isto fez com que as escolas primárias não tivessem professores suficientes para ensinar e aconselhar eficazmente os alunos, especialmente os que têm necessidades especiais, como os órfãos. Por conseguinte, o governo deveria contratar mais professores para colmatar o vazio deixado.

vii. É necessário aconselhar as pessoas que cuidam dos órfãos sobre as suas necessidades especiais.

5.6Sugestões para investigação futura

Algumas conclusões deste trabalho levantam questões que justificam investigações mais aprofundadas. Como tal, sugerem-se as seguintes questões para investigação futura:

i. É necessário investigar melhor a influência do tempo vivido por um aluno em situação de orfandade nas relações interpessoais, na disciplina e no desempenho académico.

ii. É necessário efetuar um estudo semelhante que abranja uma amostra maior e uma área geográfica mais vasta. O estudo pode utilizar diferentes instrumentos de medição, por exemplo, entrevistando os seus tutores, professores, conselheiros escolares e administradores, de modo a obter uma melhor representação da população.

iii. É necessário comparar os níveis de disciplina, as relações interpessoais e o desempenho académico dos alunos órfãos em função do tipo de orfandade, se órfão de mãe, de pai ou de ambos os pais.

iv. As relações entre os níveis de disciplina dos alunos, as relações interpessoais e o desempenho académico devem ser estudadas ao longo do tempo, de modo a determinar se os níveis de disciplina, as relações interpessoais e o desempenho académico dos órfãos e dos não órfãos persistem ao longo do tempo.

v. Deveria ser realizada mais investigação para descobrir se as causas da morte dos pais afectam de forma diferente os níveis de disciplina, as relações interpessoais e o desempenho académico dos alunos órfãos nas escolas.

REFERÊNCIAS

Appilla, *N.M.(2000).Problems of orphans* citado em Sdorrow, L.M. (2005). *Psychology. (2nd Edition)* Oxford: Brown and Benchmark publishers. .

Bandura,A. &Wolfers,R.(1993). *Social learning and personality development.* Nova Iorque: Winston.

Bigabwenda, S. (2003). *A influência do VIH/SIDA na educação. Um estudo de caso da Divisão Kamwokya - Kampala,* Uganda - Projeto B.Ed não publicado: CUEA.

Bessel,R.N.(1980).*Aeedfor love* citado em Turner,S.J.(1995) *Lifespan Development* (5th Edition) Califonia,U.S.A:Harcourt Brace college publishers.

Boler, T. & Carroll, K. (2003). *VIH/SIDA e Educação: Addressing the educational needs of orphans and vulnerable children.* Londres: Action Aid International.

Boler, T. & Carroll, K. (2003). *UK working group on education and HIV/AIDS,* Issue no. 2, September 2006, From http: /www. *HIV/AIDS consortium.* Org. UK /Education .

Bonson, J. (2003).*Authoratativeparent's answer book.*Kweyu,D.(2009)*What type of Education is your child getting.* Nairobi-Kenya.

Borg, W.R.&Gall M.D.(1989). *Educational ^esearch.*NewYork:Longman.

Brown,H.&Kulik M. (1977). *O cérebro.*Sdorrow, L.M. (2005). *Psicologia. (2nd Edition).* Oxford: Brown e Benchmark publishers.

Chidi, S.F. *(2006).60 mil crianças órfãs,* EYE Newspaper.(15 de abrilth ',2006). Meru.

Compass,J.K *.(1987),Psychology of childrenDiane,* I., Jael, M., Chloe, O., & Sareh, D. (2003) *Speak for the child:* Estudo de caso; Quénia.

Corey, G. (2001). *Theory and practice of counseling and psychotherapy (6th Edition)* US:Wordsworth.

Curwin, I.&Mendler(1980).*Disciplina citada emTurner,*S.J.(1995) *LifespanDevelopment (5th* Edition)U.S.A,Harcourt Brace college publishers.

Dawson,D.A.(1991).FamzTy *structure and children's health and 'well being:Data* from the 1988National health unity on child *health.Journal of marriage family,53,573-585.*

Diane, I., Jael, M., Chloe, O., & Sareh, D. (2003). *Falar pela criança:* Estudo de caso; Quénia.

Dobson, J.(1992).*Parental guidance;Family magazine.Colorado* springs.co.U.S.A.

Dusek, K.N (1996). Dondo M, (1996) *Guidance and Counseling for schools and colleges,* Migori school of Guidance and counseling.

Dotzbach,D.(1996).*Plight of orphans citado em Rutter,M. (1979)Maternal deprivation* 1972-1978:New:findings, New concepts, new approaches. Child Development,50,283.

Mugenda,O.M.& Mugenda, A.G. (2003).*Research methods; Quantitative and Qualitative approaches. (Edição revista)* Nairobi: Actos Press.

Mullis D.G.(1992)Turner S.J, (1995) *Lifespan Development* (5th Ed.).USA:Harcourt .

Mwandoto,W.*(2008). "2,4 milhões de órfãos correm o risco de serem negligenciados, Daily Nation".(9 de maioh ,2008)*

Mwaniki, M. (2007). *More Orphans,* Daily Nation, (28 de fevereiroth ,2007).Meru.

Ruto,J.S . (2006).*Atingir objectivos através de um ensino básico EPT de qualidade para O.V.Cs.Um estudo da implementação da política de educação para o VIH/SIDA no Quénia.M.O.E.S.T,Quénia.*

Segal,l.&Jaffe, B.*(2007,18th Nov.).Sexual abuse of children.* Daily Nation,(Nov.18th ,2007).

Susan,S.R.(1991)*Corporal punishment as a form of child abuse citado em* Sdorrow, L.M. (2005). *Psicologia. (2nd Edition.* Oxford: Brown and Benchmark publishers.

Sdorrow, L.M. (2005). *Psicologia. (2nd Edition.* Oxford: Brown and Benchmark publishers.

Sengendo, J. &Nambi, J. (1997). *The Psychological effects of orphanhood (*volume?*)* Uganda: *Health transition review.*

ONUSIDA, *(2000).Direitos e objectivos da infância.* Genebra: Publicações da ONUSIDA.

UNAIDS, (2003) Org/ HIV/AIDS epidemic inAfrica. http.www.

UNICEF, (1991). *HIV/SIDA e os órfãos em África.* Nova Iorque: Palácio das Nações.

UNICEF, (1999).*Children orphaned by HIV/AIDS.* Respostas da linha da frente da África Oriental e Austral. Nova Iorque: UNICEF.

UNICEF, (2003). *Relatório Anual; A situação das crianças no mundo.* Nova Iorque. EUA: Wordsworth.

USAID, (2002) *Forgotten families:Britain,* International /Alliance.

USAID, (2003). *Famílias esquecidas: Older people as caretakers of orphans and vulnerable Children*: Grã-Bretanha, Help Age International.

USAID, (2003). *Consulta técnica sobre órfãos e crianças vulneráveis*: Washington Academy for educational development.

W.H.O, (2007).*Children rights in Kenya.* Nova Iorque: Darsey press.

Wamae, K. (2006). *Quarrying at Mutonga still on,* Eye Newspaper (Jan,12th , 2007).Meru.

Wesley, A. (1997).*Interpersonal Communication.*Newyork: Longman Inc.

Willis, R., (2005). *The HIV/AIDSpandemic. Inglaterra,* Stan borough press ltd.

Zimbardo, P. (2000). *Manual do Instrutor (3rd Ed). Inglaterra: PearsonEducationCompany.*

Printed by Books on Demand GmbH, Norderstedt / Germany